잘되는 나를 위한

명언 에스프레소

이탄 엮음

BF북스
BARRIER FREE BOOKS

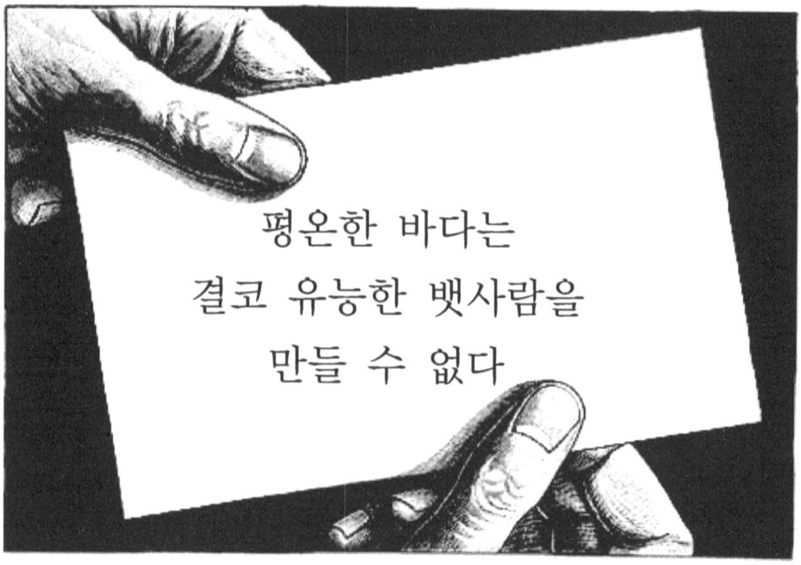
평온한 바다는
결코 유능한 뱃사람을
만들 수 없다

이 책을 읽기 전에

이 책은 새로운 도약을 꿈꾸는 이들의 성공 안내서입니다.

사람들은 누구나 간절하게 성공을 바라지만 성공으로 가는 길의 방향을 정확하게 알지는 못합니다. 시대를 통틀어 가장 빛나는 정신적 유산을 담은 이 명언집은 당신의 성공적인 앞날을 환하게 비춰줄 빛이 될 것입니다.

'돈을 다스리지 못하면 돈이 당신을 다스릴 것이다.'

'위대한 인물에게는 목표가 있고, 평범한 사람들에게는 소망이 있을 뿐이다.'

이런 명언을 읽는 순간 둔중하게 머리를 얻어맞는 듯한 기분이 들겠지만 대부분의 사람들은 너무 게으르거나 혹은 너무 서두르는 바람에 명언과는 동떨어진 생활을 하기 쉽습니다.

정감이 넘쳐나는 따스한 가정의 티테이블에 놓인 한 권의 명언서는 절망감에 빠져 허우적거릴 때, 또는 커다란 위험에 처해 어쩔 줄 몰라 허둥거리는 당신을 지켜주는 수호천사로서의 역할을 단단히 할 것입니다.

대부분의 명언은 부모님이나 교사들이 들려주는 어떤 교훈보다 훨씬 놀라운 통찰력이 느껴지는 글들입니다. 소크라테스부터 빌 게이츠까지 인류 역사를 빛낸 사람들이 평생에 걸쳐 깨달은 금강석 같은 진리를 모은 것이기 때문입니다.

따라서 단 한 줄의 명언이 당신의 미래의 나침반이 될 수도 있고, 힘겨운 하루하루를 버틸 수 있는 버팀목이 되게도 할 것입니다.

이 책은 크게 성찰, 습관, 시도, 행동, 재산의 순으로 묶었습니다.

이 책이 여러분의 삶을 한 단계 도약시켜 드린다면 글쓴이로서 더없는 영광으로 생각하겠습니다.

VOICEYE voiceye.com

차례

성찰

Self-Examination

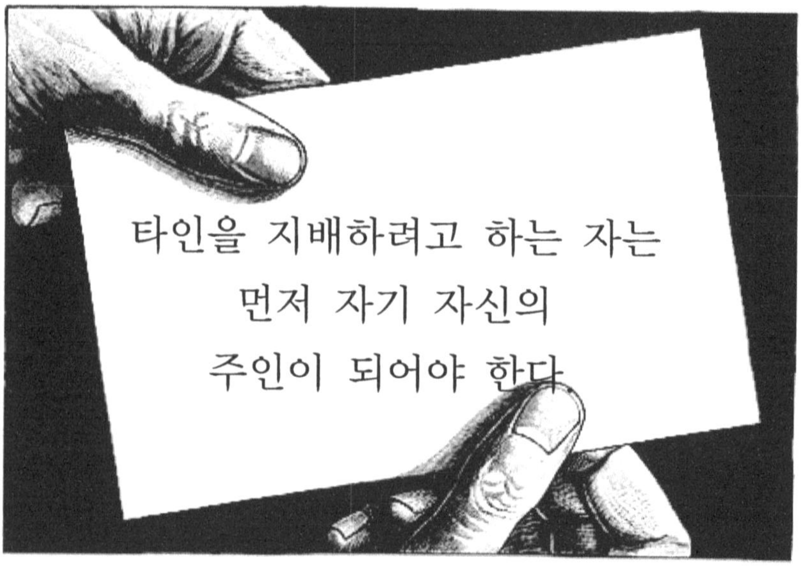

– 메신저(『상상하는 책』의 저자)

위대한 인물에게는 목표가 있고, 평범한 사람에게는 소망이 있을 뿐이다.

– 워싱턴 어빙(미국의 소설가)

50년 이상 성공에 대해 연구한 로이드 코넌트는 이렇게 말했습니다. "성공이란 목표이며 나머지는 주석이다"라고. 한 조사에 의하면 전 국민의 3% 정도가 서면으로 된 명확한 목표와 달성 방안을 가지고 있는 것으로 나타났습니다. 이 3%의 사람들이 그것을 시행하지 않은 사람들보다 평균 10배 이상의 소득을 올렸다는 결과가 나타났습니다. 자신이 원하는 목표를 분명하게 세워 그것을 위해 노력하는 사람만이 성공할 수 있습니다.

과거는 생각하기 위해, 현재는 일하기 위해, 미래는 즐거움을 위해 존재한다.

– 디즈레일리(영국의 정치가이자 소설가)

하루의 일을 즐겁게 하고 싶으면 아래의 것을 실천하세요.

1. 누구에게나 늘 웃으며 인사하세요.
2. 통화할 때는 항상 친절함을 잊지 마세요.
3. 일터에서 칭찬을 들으면 언제나 고맙다고 답례하세요.
4. 타인의 시선이나 평가에 얽매이지 마세요.
5. 일을 즐겁게 하는 동료와 어울리세요.

그리고 매일 아침 이렇게 외치는 걸 잊지 마세요.

"오늘 하루는 즐거울 것이고, 내게 좋은 일만 일어날 것이다."

지금 보잘 것 없는 지위에 있다고 속상해 하지 말고 내가 어떤 지위를 감당할 만한 능력이나 재능을 갖추고 있는지부터 반성하라.

– 『논어』

사람의 그릇 크기는 이해관계에 있을 때의 처신으로는 판단하기가 어렵습니다. 거래가 끝났다고 생각할 때, 그래서 더 이상 볼일이 없다고 생각될 때 처신하는 모습을 보면 그 사람의 그릇 크기를 알 수 있습니다.

그 무엇도 직선으로 움직이지는 않는다. 따라서 어떤 목표도 좌절과 방해를 겪지 않고 이루어지는 법은 없다.

– 앤드류 매튜스(호주의 작가)

프랑스 최초의 이민자 출신 대통령인 니콜라 사르코지는 어린 시절 경제적 어려움과 작은 키 등으로 열등감에 시달렸지만 이 열등감은 성공에 대한 열망으로 불타올라 인생의 강력한 동력이 되었습니다. '현재의 내 모습은 어린 시절 겪은 수치심의 총체'라고 말할 정도입니다. 프랑스 정치 엘리트 대부분이 프랑스 국립행정학교 ENA 출신이지만 그는 파리 10대학을 졸업한 후 정치에 발을 들여놓았습니다. 그 후 포스터 붙이기, 전단지 돌리기 등 밑바닥부터 출발하여 노력 끝에 엘리제궁으로 입성하여 프랑스 대통령이 된 최초의 이방인입니다.

특허 제도는 천재의 불꽃에 이익이라는 기름을 붓는 것이다.

– 링컨(미국의 제16대 대통령)

MS에서 만들었다고 알려진 프로그램들이 사실은 빌게이츠가 만든 게 아니라 다른 회사에서 기본적인 틀이 만들어진 것을 구입하여 손을 본 것이라고 합니다. 세계적인 거부 빌 게이츠는 아이디어나 프로그래밍 기술이 뛰어나다기보다는 돈이 될 만한 남의 아이디어의 가치를 알아보는 놀라운 눈썰미를 갖고 있었습니다.

나는 아름다운 꿈도 꾸었고 악몽도 꾸었으나 아름다운 꿈 덕분에 악몽을 이겨낼 수 있었다.

– 조너스 솔크(미국의 의학자)

KFC의 살아 있는 아이콘으로 남게 된 샌더스는 특유의 쇼맨십과 강한 의지력으로 튀김 닭 체인점 모집에 성공하였습니다. 이때 그는 이미 60세가 훨씬 넘은 나이였습니다. 따라서 그는 나이가 성공을 가로막는 장벽이 아니라는 걸 현실적으로 보여준 사람입니다. 샌더스는 요리를 만드는 즐거움을 비전으로 승화시킨 인물입니다.

천재성은 감탄을 불러일으키지만 인격은 존경을 불러일으킨다.

– 정진홍(우리나라의 저술가이자 교수)

천재는 찬사의 대상이지만 인격자는 신봉의 대상입니다. 하지만 천재성도 인격의 동력으로 추동되지 않으면 오히려 삶의 걸림돌이 될 수 있습니다. 인격이야말로 우리 인간의 가장 고결한 재산이라고 할 수 있지요. 따라서 최고의 인생을 위해서는 내면의 양심에 귀를 기울이고 인격을 수양하는 데 전력해야 합니다.

동기를 부여하는 것은 목표를 달성하는 데 있어 빼놓을 수 없는 주요 요소이다.

– 금언

'인생은 의미 있다, 나는 훌륭한 사람이다, 내 삶은 가치 있다, 나는 행복하다, 나는 나의 행복을 창조한다.' 이처럼 수많은 최면과 암시에 동기 부여가 필요한 이유는 무엇일까요? 대부분의 사람들이 '나는 행복해야 한다. 그러나 지금 그렇지 못하다. 그러므로 행복하기 위해 더 열심히 노력해야 한다'는 강박관념에 쫓기며 살아가고 있기 때문입니다. 진정한 행복은 행복한 삶의 조건을 만드는 것이 아니라 행복해야 한다는 강박관념으로부터 자유로워지는 것, 행복의 조건 자체로부터 자유로워지는 것입니다.

장래를 설계하는 데는 용기가 필요하다. 그리고 신념도 용기만큼이나 필요하다.

– 금언

용기도 경험을 필요로 합니다. 용기를 내어 한 일이 성과를 거두었을 때 긍정적으로 변화한 경험을 갖게 되면, 저도 모르게 용기가 생깁니다. 수많은 사람들과의 만남에서 얻어지는 질책과 칭찬 속에 당신의 내면은 더욱 강하게 단련되는 것입니다.

인생은 진정 부메랑과 같다.
당신이 준만큼 받는다.

– 데일 카네기(미국의 컨설턴트)

인생은 당신이 노력한 만큼 그 대가를 되돌려줍니다. 꿈을 이루기 위해 지금 뭔가를 하지 않으면 내일의 꿈이란 그저 신기루일 뿐, 꿈은 꿈으로 끝나게 됩니다.

햇살을 뚫고 나오지 못할 만큼 두터운 구름은 없다.

– 금언

하나님은 누구에게나 견딜 수 있을 만큼의 시련을 준다고 했습니다. 당신 앞에 놓인 시련도 냉정한 눈으로 보면 가볍게 뛰어넘을 수 있는 성격의 것입니다. 계속되는 시련이란 없습니다. 그리고 벗어날 수 없는 시련도 없습니다. 당신도 이미 그 사실을 알고 있을 것입니다. 짙은 어둠 저편에는 강렬한 태양이 숨어 있다는 사실을!

굳센 남자란 자신의 감각과 정신의 교신을 마음대로 조절할 수 있는 사람을 말한다.

– 나폴레옹(프랑스의 황제)

생존이란 관점에서 볼 때 인류의 역사는 정복이 아니라 적응의 역사였습니다. 그러기에 진화론을 창시한 찰스 다윈도 살아남는 자는 강한 종이 아니라 적응하는 종이라고 하였습니다. 미래는 인류에게 희망이기도 하지만 변화에 적응하며 개척해야 할 새로운 영역의 땅이기도 합니다.

위대한 성공의 시초는 비전이라는 초석으로 이루어져 있다.

– 금언

앤터니 로빈스는 “비전이야말로 우리들이 앞으로 나아가도록 해주는 힘이다.”라고 말했습니다. 비전을 지향하지 않는 단순한 상상은 당신을 앞으로 나아가게 하는 힘이 없습니다.

나를 세우는 데는 몇십 년이 걸리나 이것을 잿더미로 만드는 데는 하루면 된다.

– 금언

오늘날의 당신이 있기까지 지금껏 얼마나 많은 노력을 했습니까? 하지만 그런 노력도 남을 짓밟으면서 일어선다면 한순간 물거품이 될 수도 있습니다. 언제나 양심이란 거울에 비추어 부끄러움이 없는 삶을 살도록 하십시오. 그리고 이웃을 사랑하십시오.

진정 강한 인간이 되고 싶다면 물과 같아야 한다.

– 노자(중국 고대의 철학자이자 도가 사상의 창시자)

마음 상태가 물 흐르듯 자유스러운 상태에서만이 긍정적인 에너지가 넘쳐 창조적인 생각이 솟아납니다. 뭔가 걱정거리가 있으면 마음속에 담아두지 말고 주변 사람들과 의견을 교류하십시오. 그리고 되도록 마음을 부드럽게 하십시오. 노자는 왜 물처럼 부드러워야 하는지에 대해 이렇게 설명하고 있습니다. "강하고 큰 것은 아래에 머물고, 부드럽고 약한 것은 위에 있게 되는 것이 자연의 법칙이다. 천하의 지극히 부드러운 것이 천하의 강한 것을 지배한다."

행복은 향수와 같다. 내 몸에 몇 방울 뿌리지 않고서는 다른 이들을 뒤덮을 수가 없다.

– 에머슨(미국의 시인이자 수필가)

"윤리는 경영진부터 시작되어야 한다. 윤리란 리더십의 가장 중요한 부분이며, 최고 경영자는 그것의 모범을 보여야 한다." 이는 전 얼라이드 시그널의 회장인 헤네시 2세가 한 말입니다. 대부분의 사람들은 자신은 윤리 밖에 있으면서 타인은 윤리의 테두리 안에 있기를 원합니다. 당신이 윤리 안에서 편안함을 느낀다면 당신 몸에 윤리의 향수를 늘 뿌리고 다녀야 합니다.

동물 중 가장 영리하면서도 미련한 존재가 인간이다.

– 디오게네스(고대 그리스의 철학자)

지구상의 모든 동물을 조사한 결과 우리 인간이 그 무시무시한 티라노사우루스 렉스보다 훨씬 더 건드리기 위험한 동물이었다는 것이 판명되었습니다. 그러나 지구촌에 자리 잡게 된 사람들은 스스로를 영리하다고 자부하면서도 자신들의 삶의 터전인 자연을 파괴하는 미련한 행동을 쉼 없이 하고 있습니다.

사람은 마음먹기에 따라 행복하기도 하고 불행하기도 하다.

– 몽테뉴(프랑스의 사상가)

우리가 자주 착각하는 것 중의 하나가 행복의 조건과 행복입니다. 좋은 직장, 미모 등은 행복의 조건이지 행복은 아닙니다. 일반적으로 사람들이 행복하다고 말하는 상태는 즐겁거나 평화로운 기분이 들 때입니다.

만일 우리 자신에게 결점이 없다면 다른 사람의 결점에도 그다지 흥미를 느끼지 못할 것이다.

– 라로슈푸코(프랑스의 작가)

사람들이 타인의 결점에 촉각을 곤두세우는 것은 상대가 자신과 비슷한 문제를 안고 있을 때입니다. 스스로에 대해 긍정적인 생각을 갖는다면 타인에게도 쉽게 마음의 문을 열 수 있을 것입니다.

산 정상에 오르기 전에는 절대 산의 높이를 재지 말라. 정상에 오르면 그 산이 얼마나 낮은지 알게 될 것이다.

– 다그 함마르셸드(UN 2대 사무총장)

누구나 살다 보면 이런저런 장애물과 맞닥뜨리게 됩니다. 목적을 향해 고군분투하다 보면 자신이 가야 할 길이 아득하게 보일 때도 있을 것입니다. 하지만 자신이 목적한 지점에 다다르고 보면 지나온 삶이 그다지 힘든 게 아니었다는 걸 알게 될 것입니다.

역사는 인간을 현명하게 하고, 시는 인간을 재치 있게 만들고, 수학은 인간을 치밀하게 만들며, 자연철학은 인간을 심오하게 만들고, 덕은 인간을 의젓하게 만들고, 그리고 논리학과 수사학은 인간을 논쟁을 할 수 있게 만든다.

– 프랜시스 베이컨(영국의 철학자이자 정치가)

샹포르는 교육에는 반드시 도덕과 지혜가 뒤따라야 한다며 다음과 같은 명구를 남겼습니다. '교육은 도덕과 지혜의 두 기반 위에 서 있지 않으면 안된다. 도덕은 미덕을 받들기 위해서이고 지혜는 남의 악덕에서 자기를 지키기 위해서이다. 도덕에만 중점을 두면 성인군자나 순교자밖에 나오지 않는다. 지혜에만 중점을 두면 타산적인 이기주의만 나오게 된다. 어느 한쪽으로 치우치지 말고 도덕과 지혜의 두 기반 위에 교육이 서 있어야 좋은 열매를 거둘 수 있다.'

승리에서 패배에 이르는 길은 단 한걸음에 지나지 않는다. 사람들은 아주 사소한 일이 중요한 결정을 짓는 것을 보았을 것이다.

– 금언

계속해서 변덕만 부리고, 계획했던 일을 행동으로 옮기지 못하는 사람은 결국 인생의 패배자가 됩니다. 이런 사람들은 우연히 접하게 된 일을 직업으로 선택하고, 공격적으로 자신을 선택한 사람과 결혼하고, 평생 동안 그 결과들을 한탄하며 지내기 일쑤입니다.

어제는 어젯밤에 끝났다. 오늘은 새로운 시작이다. 과거를 잊는 기술을 배워라. 그리고 앞으로 나아가라.

– 노먼 V. 필(미국의 성직자)

우리는 마음이라는 것을 우리 자신과 동일시합니다. 그 때문에 끊임없이 무언가를 생각하지 않으면 도리어 불안해하고, 결국은 그칠 줄 모르는 생각의 행렬이 소음이 되어 내면의 고요를 깨뜨리고 맙니다. 비교하고 불평하고 좋아하고 싫어하는 갖가지 생각들을 '나'라고 착각하기 때문에 거짓된 자아가 만들어지고, 두려움과 불안, 그리고 고통의 그림자가 드리워지는 것입니다.

극단적인 것은 조심해야 할 것으로, 그것은 대부분 사람으로부터 발생한다. 이때 필요한 것이 균형감각인데, 균형감각을 갖는 것이 어려운 것은 그것이 신으로부터 오기 때문이다.

– 라브뤼예르(프랑스의 작가)

미국 최초의 여성 국무장관에 오른 콘돌리자 라이스의 최대 장점은 균형감각을 잃지 않는 것이었습니다. 대통령의 책상 위에 올려진 안정보장 이사회의 기안은 모두 라이스의 분석이 이루어진 뒤 부시가 연설을 통해 각료들에게 알려질 정도로 그녀의 영향력은 컸지만 항상 겸손함을 잃지 않았으며, 백악관 회의 후에는 스스로 커피잔을 치우기까지 했습니다.

기억은 일종의 약국이나 화학 실험실과 유사하여 아무렇게나 내민 손에 어떤 때는 진정제가, 어떤 때는 위험한 독약이 잡히기도 한다.

– 마르셀 프루스트(프랑스의 소설가)

대부분의 사람들은 섭섭했던 일은 좀처럼 잊지 못하지만 고마웠던 일은 쉽게 잊어버립니다. 타인에게 도움을 받았거나 은혜를 입은 일은 오래 기억하고, 타인에 대한 원한은 빨리 잊어버린다면 삶이 훨씬 풍요로워질 것입니다.

괴로움이 마음속 깊이 파고들면 들수록 작품은 펌프 물처럼 더욱 강렬히 치솟는다.

– 마르셀 프루스트(프랑스의 소설가)

르코르뷔지에는 예술가들이 하나의 작품을 완성시키기 위해 얼마만큼 큰 고통을 감내하는지에 대해 이렇게 설명했습니다. “고통 없이 예술은 만들어지지 않습니다. 예술은 살아 숨 쉬는 마음의 절규이기 때문입니다.”

기쁨은 잠시도 머물지 않고 날개를 펼쳐 날아가 버린다.

– 마르티알리스(로마의 시인)

1년 365일 중 폭죽이 터지는 날은 대여섯 번에 불과하듯 우리 삶의 기쁨 역시 지속적인 것은 아닙니다. 기쁨에 대해 앙드레 모루아는 이렇게 정의를 내렸습니다. "조급히 굴지 말아라. 행운이나 명성은 일순간에 생겼다가 사라진다. 그대 앞에 놓인 장애물을 달게 받아들여라. 싸워 이겨내는 데서 기쁨을 느껴라."

대부분의 지주들은 씨를 뿌리지 않은 곳에서 수확하길 좋아한다.

– 마르크스(독일의 사회학자이자 경제학자)

대부분의 사업주들은 아무것도 투자를 하지 않은 상태에서 직원들에게 과도한 요구를 하는 경우가 많습니다. 마치 모든 직원이 마법사라도 되라는 듯이. 그들의 눈에는 타회사의 직원들은 모두 마법사처럼 보이고, 자신의 회사 직원들은 평범한 능력밖에 가지지 못했다는 생각을 합니다.

이긴다고 생각하면 이긴다. 승리는 자신감을 가진 사람의 편이다.

– 가토 마사오(일본의 바둑 기사)

불가능에 도전한 전략가인 나폴레옹은 이렇게 말했습니다. “승리는 노력과 사랑에 의해서만 얻어지며, 결과물은 가장 끈기 있게 노력하는 사람에게 돌아간다. 어떤 고난에 처하더라도 불굴의 정신으로 노력한다면 불가능은 없다. 이것이야말로 진정한 인간 승리의 길이다.”

남들은 당신의 장점을 당신의 도움 없이 발견했을 때 훨씬 더 인상깊어한다.

– 주디스 마틴(미국의 언론인)

세상에 쓸모없는 사람은 단 한 사람도 없습니다. 아직 자신의 가치를 스스로 깨닫지 못했을 뿐, 모든 이는 그 존재 자체만으로 빛나는 가치를 지니고 있습니다. 스스로를 존중하며 사랑하는 것! 그것이 여러분의 가치를 찾는 첫걸음이 될 것입니다.

인생은 짧다. 그러나 비열하게 지내기에는 너무 길다.

– 셰익스피어(영국의 극작가)

이 명언을 읽는 독자는 저도 모르게 피식 웃음이 나올 것입니다. 인생을 비열하게 지내기엔 너무 길다니 말입니다. 아이아코카가 말하길 "가치 있는 모든 것에는 위험이 따른다"고 했습니다. 비열하게 지내느니 조금 위험하더라도 가치 있는 삶을 사는 것이 낫겠지요?

타인을 지배하려고 하는 자는 먼저 자기 자신의 주인이 되어야 한다.

– 메신저(『상상하는 책』의 저자)

에머슨은 인간의 의지력에 대해 이런 말을 남겼습니다. "인간이 인간다워질 수 있는 힘은 재능이나 이해력에 있는 것이 아니라 의지력이다. 제아무리 재능과 이해력이 뛰어나도 실천력이 없다면 아무런 결과물을 거둘 수 없기 때문이다. 인간의 의지력이 그 운명을 결정한다."

인간에게는 불행이나 빈곤, 질병조차도 필요한 것이다. 이런 것들이 없다면 인간은 금세 오만에 빠질 것이 분명하기 때문에.

– 투르게네프(러시아의 작가)

끝없는 희로애락의 폭풍우로 우리를 잠시도 쉬지 못하게 하는 인생이란 과연 무엇일까요? 상 파울은 인생에 대해 이렇게 정의를 내렸습니다. “인생은 한 권의 책과 같다. 어리석은 이는 책장을 마구 넘겨버리지만 현명한 사람은 열심히 읽는다. 단 한 번밖에 그 책을 읽지 못한다는 것을 잘 알고 있기 때문이다.”

가장 명백한 지혜의 징표는 항상 유쾌하게 지내는 것이다.

– 몽테뉴(프랑스의 사상가)

왜 인간이 유쾌하게 지내야 하는지에 대해 카네기는 이렇게 말했습니다. “불쾌한 것은 그대가 불쾌한 기분 속으로 들어가기 때문에 그런 것이다. 먼저 유쾌하게 생각하고 행동하라. 그러면 유쾌한 기분이 절로 솟아날 것이다. 이것이 평화와 행복을 가져오는 비밀이다.”

한가함이란 아무것도 할 일이 없어졌다는 것이 아니라 무엇이든지 할 수 있는 여유가 생겼다는 뜻이다.

– 플로이드 델(미국의 문학평론가)

버나드 쇼는 여가 생활에 대해 이렇게 말했습니다. "여가란 비록 상류층에서 자신들의 게으름에 붙이는 핑계이기는 하지만 이는 우리의 생활에 없어서는 안 될 필수불가결한 것이다. 이 세상에서 이루어진 가장 가치 있는 일들은 한가할 때 이루어졌으며, 결코 현금으로 대가가 치러진 적은 없다. 여가란 자유로운 활동을 의미하며, 노동은 의무적인 활동이라고 설명될 수 있다. 또한 여가란 좋아하는 뭔가를 하는 것인 반면에 노동은 마땅히 해야 하는 강제적인 활동이다. 어떤 부류의 경우 노동을 하지 않으면 굶어 죽는, 선택의 여지가 없는 자연의 법칙이다."

나는 자연계에서 가장 강한 식물만이 살아남아 번식하는 것을 보아왔다. 강한 정신력이 성공을 위한 가장 중요한 요소이다.

– 루터 버뱅크(미국의 식물육종학자)

유대인의 율법서 『탈무드』에는 「가장 현명한 사람은 모든 사람으로부터 배울 수 있는 사람이요, 가장 사랑받는 사람은 모든 사람을 칭찬하는 사람이요, 가장 강한 사람은 자신의 감정을 조절할 줄 아는 사람이다」라고 했습니다. 진정 강한 사람이 되려면 스스로를 잘 조절하여 균형감각을 잃지 않아야겠지요?

예술이 대중성을 띠도록 노력해서는 안 된다. 대중 스스로 예술적이 되도록 노력해야 한다.

– 오스카 와일드(아일랜드의 극작가)

예술가들을 통해 우리의 비밀들이 밝혀지고 어렴풋했던 것이 분명해지며, 복잡한 것이 단순해집니다. 하지만 예술이 오락에 불과하고 진리를 보여주는 힘을 갖지 못한다면 그것은 인간에게 수치를 안겨줄 뿐입니다.

내가 헛되이 보낸 오늘 하루는 어제 죽어간 이들이 그토록 바라던 하루이다. 단 하루면 인간적인 모든 것을 멸망시킬 수도, 다시 소생시킬 수도 있다.

– 소포클레스(고대 그리스의 비극 작가)

진정 당신이 인생을 사랑한다면 시간을 낭비하지 마십시오. 시간은 인생을 구성하는 중요한 재료이기 때문입니다. 똑같이 출발했는데 세월이 지난 뒤에 보면 어떤 이는 저만큼 앞서 가고, 어떤 이는 낙오되어 있습니다. 이 두 사람의 거리는 시간이 갈수록 점점 벌어질 것입니다. 이것은 하루하루 자신에게 주어진 시간을 잘 활용하였느냐 그렇지 않았느냐에 달려 있습니다.

성공을 거두기 위해서는 타인에게 존경 받을 만한 덕과 타인이 두려워할 만한 뚜렷한 소신이 필요하다.

— 조제프 주베르(프랑스의 작가)

시간은 원칙을 가지고 올바르게 살아가는 사람들에게 가장 가까운 친구이자 든든한 지원자입니다. 그와는 반대로 위선자들에게는 가장 큰 적입니다. 시간이 지나면 결국 그 사람이 더 이상 참지 못하여 저지른 잘못이 드러나면서 숨겨진 의도가 밝혀지기 때문입니다. 시간을 내 편으로 만들고 살아가는 사람은 당장은 힘들지만 원하는 결과물을 얻을 수 있습니다.

가장 나쁜 사람이 누군가? 그대가 줏대 없이 이리저리 흔들리도록 꼬드기는 사람이다.

— 소크라테스(고대 그리스의 극작가)

남의 일을 잘 알고 있는 사람은 똑똑한 사람입니다. 그러나 자기 자신을 잘 알고 있는 사람은 그 이상으로 총명한 사람입니다. 그리고 남을 설복시킬 수 있는 사람은 강한 사람입니다. 그러나 자기 자신을 이겨내는 사람은 그 이상으로 강한 사람입니다.

자기의 적에게 무엇으로 복수해야 할까? 가능하면 많은 선을 베풀도록 노력하라.

– 에픽테투스(로마의 스토아 철학자)

아리스토텔레스는 말했습니다. “누구든지 성을 낼 수 있다. 그것은 아주 흔히 일어나는 일이다. 그러나 올바른 대상에게, 올바른 방법으로, 올바른 시간에 올바른 목적으로 성내는 것은 아무나 할 수 있는 것이 아니며, 결코 쉬운 일이 아니다.” 그러나 배려가 담긴 질책은 상대를 감동하게 합니다.

작은 일이라고 해서 하찮게 넘기지 마라. 그 일이 어디로, 어떻게 이어질지는 아무도 모르기 때문이다.

– 금언

‘깨진 유리창의 법칙’이란 말이 있습니다. 이는 고객이 겪은 한 번의 불쾌한 경험, 한 명의 불친절한 직원, 말뿐인 약속 등 기업의 사소한 실수가 결국 기업의 앞날을 뒤흔든다는 뜻입니다. 따라서 아무 생각 없이 한 행동이 크나큰 재앙을 낳을 수도 있으므로 되도록 기본적 매너를 몸에 익히도록 하는 것이 좋습니다.

경영자는 항상 현재와 먼 미래라는 두 개의 시간을 고려하지 않으면 안 된다.

– 금언

경영자는 현재는 물론 미래의 환경 변화, 특히 과학 기술의 발전이 가져올 변화를 꿰뚫어보는 통찰력을 갖고 있어야 합니다. 그리고 낯선 분야에 대해서도 기초 서적을 틈틈이 읽으면서 사고의 폭을 넓히고 그 분야에서 일하는 사람들의 이야기에 귀를 열어두어야 합니다.

두려움은 당신을 가둬두고, 희망은 당신을 자유롭게 한다.

–「쇼생크 탈출 중에서」

에릭 호퍼는 일생을 떠돌이 생활을 하며 얻어진 경험과 독서와 사색만으로 자신의 사상을 구축한 철학자입니다. 그가 죽음의 두려움 없이 떠돌이 생활을 할 수 있었던 것은 역설적이게도 '우리 집안에서는 어느 누구도 50세를 넘긴 이가 없었으니, 앞날에 대해 안달하지 마라'는 아버지의 조언 때문이었다고 합니다. 에릭 호퍼는 이런 아버지의 조언을 들은 후 자유로운 사색의 길에 들어섰다고 합니다.

열정은 영감과 창조성의 흥분 상태라고 할 수 있다.

– 보 벤넷(미국의 기업인)

열정적인 삶을 살았던 윌리엄 러셀은 이렇게 말했습니다. “단순하지만 저항할 수 없을 정도로 강력한 세 가지 열정이 나의 삶을 지배해왔다. 그것은 사랑의 열망과 지식의 탐구, 그리고 고난을 겪고 있는 인류에 대한 견딜 수 없는 동정심이었다.”

대부분의 사람들은 이익으로 분열되고 범죄로 뭉친다.

– 볼테르(프랑스의 작가이자 사상가)

『탈무드』에는 「만약 인간에게 악의 충동이 없다면 집도 짓지 않고, 아내도 얻지 않을 것이며, 아이들도 낳지 않을 것이고, 일도 하지 않을 것이다」라는 글이 있습니다. 그러고 보면 악에도 긍정적인 측면이 있다고 봐야겠지요?

노동은 인생을 감미롭게 해주는 것이지 결코 힘겨운 짐이 아니다. 걱정거리를 가지고 있는 자만이 노동을 싫어한다.

– 빌헬름 브르만(독일의 철학자)

막심 고리키는 노동에 대해 이렇게 정의를 내렸습니다. "일이 재미있으면 인생은 낙원이다. 일이 의무라면 인생은 지옥이다."라고. 살아있는 한 인간은 무슨 일이든 일을 해야만 비로소 영혼의 휴식을 얻을 수가 있습니다.

빌게이츠 어록 (미국의 컴퓨터 사업가)

1. **인생이란 원래 공평하지 못하다. 그런 현실을 불평할 생각 말고 받아들여라.**
2. **세상은 당신이 어떻게 생각하든 상관하지 않는다. 세상이 당신한테 기대하는 것은 당신 스스로가 만족하다고 느끼기 전에 무엇인가를 성취해서 보여줄 것을 기다리고 있다.**
3. **학교 선생님이 까다롭다고 생각되거든 사회에 나와서 직장상사의 진짜 까다로운 맛을 한번 느껴봐라.**
4. **햄버거 가게에서 일하는 것을 수치스럽게 생각하**

지 마라. 당신 할아버지는 그 일을 기회라 고 생각했다.

5. 당신 인생을 망치고 있는 것은 바로 당신이다. 절대 부모 탓을 하지 마라. 불평을 일삼는 일을 당장 그만두고 잘못한 것에서 교훈을 얻어라.
6. 학교는 승자나 패자를 뚜렷이 가리지 않을지 모른다. 어떤 학교에서는 낙제 제도를 아예 없애고 쉽게 가르치고 있다는 것을 잘 안다. 그러나 사회 현실은 이와 다르다는 것을 명심하라.
7. 인생은 학기처럼 구분되어 있지도 않고 여름방학이란 것은 아예 있지도 않다. 당신 스스로 알아서 일하지 않으면 직장은 아무것도 가르쳐주지 않는다.
8. TV는 현실이 아니다. 현실에서는 커피를 마셨으면 일을 시작하는 것이 정상이다.
9. 공부밖에 할 줄 모르는 바보한테 잘 보여라. 사회에 나와서는 아마 그 바보 밑에서 일을 하게 될지도 모르니까.

빌 게이츠의 어록은 소름이 끼치도록 현실적인 명구들로 채워져 있습니다. 이 어록은 젊은이라면 당장에 실천에 옮겨야 할 중요한 내용입니다.

좋은 벗은 저절로 만들어지는 것이 아니다. 공통된 많은 추억, 함께 겪은 괴로운 시간, 많은 어긋남, 화해, 마음의 격동…… 우정은 이런 것들로 채워져 있다.

– 생텍쥐페리(프랑스의 소설가)

생텍쥐페리의 『어린 왕자』에서 주인공인 어린 왕자가 여우에게 친구가 되려면 어떻게 해야 하는지 묻자 여우가 이렇게 대답합니다. "무척 참을성이 많아야 해. 우선 내게서 좀 떨어져 앉아. 이렇게 풀밭에 말야. 내가 널 곁눈질해도 너는 아무 말하지 마. 말이란 오해의 근원이니까. 그러면서 날마다 내게로 조금씩 더 가까이 오는 거야……." 제아무리 가까운 친구라도 말은 가려서 해야 하며, 예의가 자리할 거리감을 두는 것이 좋은 친구 관계를 유지하는 비결입니다.

용모가 수려한 사람은 어떤 추천서 못지않게 효력이 있는 법이다.

– 아리스토텔레스(고대 그리스의 철학자이자 과학자)

용모란 과거와 현재 그 사람이 행동하고 생각해 온 것을 포장한 인생꾸러미로, 포장지가 투명하기 때문에 내용물이 그대로 드러납니다. 그리고 내용물이 바뀌면 포장한 모양과 빛깔도 바뀝니다. 인간의 용모는 그 사람이 가지고 있는 생각과 마음 상태를 투명하게 보여주는 포장지입니다. 그러므로 거울 속에 비친 얼굴을 통해 내면을 성찰하십시오.

덕이 높은 사람이 되기 위한 가장 빠른 방법은 수양을 쌓는 일에 노력하는 것이다. 대부분 덕이 높은 사람들은 스스로의 노력으로 위대해졌다는 사실을 알게 될 것이다.

– 소크라테스(고대 그리스의 철학자)

덕을 쌓기 위해서는 먼저 자기 자신을 지배할 수 있어야 합니다. 자기 자신과 싸우는 일이야말로 가장 힘겨운 싸움이며, 자기 자신에게 이기는 것이야말로 가장 놀라운 승리입니다.

사냥꾼은 개로 토끼를 잡지만 아첨자는 칭찬으로 우둔한 자를 사냥한다.

– 소크라테스(고대 그리스의 철학자)

미국 최고의 컨설턴트인 데일 카네기는 말했습니다. "아첨은 이빨 사이에서 나오고, 진지한 칭찬은 가슴에서 나온다"고. 특히 이해관계가 얽힌 일에는 로비와 뇌물, 그리고 아첨이 오가는 것이 보통입니다. 성의를 갖고 상대를 대하면 상대방에게 허위가 있을 리 없고 자기에게 허위가 있으면 상대방에게 성의가 생겨나지 않습니다.

약간의 근심, 고통, 고난은 삶에 반드시 필요한 양념이다. 바닥에 짐을 싣지 않은 배는 불안정하여 곧잘 나아갈 수 없다.

– 쇼펜하우어(독일의 철학자)

고결한 정신이 아름다운 것은 잇따른 고통 속에서도 결코 그것을 괴롭다고 느끼지 않아서 생기는 것이 아니라 그 사람의 마음이 높고 영웅적인 기개를 지녔기 때문에 더욱 돋보이는 것입니다.

모든 인간의 지혜는 두 가지 말로 요약된다. 기다림과 희망이 그것이다.

– 알렉산드 뒤마(프랑스의 극작가이자 소설가)

사로모는 희망에 대해 다음과 같은 말을 남겼습니다. “좋은 날에는 기뻐하라. 나쁜 날에는 좋은 날을 생각하라. 사람은 미래를 알 수 없듯이 신은 좋은 날과 나쁜 날도 만든 것이니까.”

군주는 결정적인 위기를 맞고 있을 때 가장 훌륭한 병사를 얻는다.

– 스퍼전(영국의 근본주의 침례교 목사)

위기는 당신이 가고자 하는 길을 다시 한 번 생각해 볼 수 있는 성찰의 시간을 제공합니다. 위기 상황에서 망하는 이유는 '위기' 자체가 가져오는 위험보다 충분히 생각하지 않고 실행하는 '무리수' 때문입니다. 실력을 쌓는 것만큼 중요한 것이 '인내'와 '기다림'입니다. 어쩌면 위기는 결말에 도달하기 위한 과정에 불과한 것인지도 모릅니다. 따라서 위기는 스트레스의 대상이 아니라 '큰 그림의 일부'로 받아들여야 하겠지요?

가정과 가정생활의 안전과 향상이 문명사회의 주요 목적이자 산업의 궁극적 목적이다.

– C.W. 엘리엇(미국의 교육자)

『대지』의 작가 펄 벅은 말했습니다. "가정은 나의 대지이다. 거기서 나는 정신적 영양을 섭취하고 있다"라고. 가정이야말로 고달픈 인생의 안식처이며 모든 갈등이 해소되는 공간입니다. 또한 큰 사람이 작아지고 작은 사람이 커지는 곳이 바로 가정입니다.

계속되는 시련은 없다. 벗어날 수 없는 시련도 존재하지 않는다. 짙은 어둠 저편에는 언제나 강렬한 태양이 숨어 있다.

– 박성철(「소중한 오늘을 위하여」의 저자)

당신을 괴롭히고 슬프게 하는 일들은 누구에게나 닥치는 시련입니다. 쇠는 불에 달구어야 강해지듯이 당신도 지금 당하고 있는 시련을 통해 더욱 굳건해질 것입니다.

우리는 행복이란 제품을 만들 수 있는 재료와 힘을 자기 자신의 내면에 지니고 있으면서도 기성품의 행복만을 찾고 있다.

– 알랭 드 보통(스위스 출신의 소설가)

알고 보면 모든 인간은 역사상 유일무이하게 유니크한 존재입니다. 따라서 모든 인간은 그 생존 방법이 제각각 다르다고 할 수 있지요. 어쩌면 당신의 생존수단은 어릴 때부터 늘 부모로부터 지적당한 좋지 않은 버릇일 수도 있습니다. 개성, 그것이 당신을 생존하게 하는 힘입니다.

행복, 미래에 있을 듯 생각될 때 잘 생각해보라. 당신이 이미 행복을 지니고 있는 것일지도 모르므로. 기대를 갖는다는 것, 그것이 행복이다.

– 알랭(프랑스의 철학자)

당신이 행복하지 않다고 커튼이 내려쳐진 방안에서 눈물을 짓다 보면 세상의 모든 불행이 한꺼번에 몰려올 것입니다. 그럴 때는 당장 일어나 창문을 열고, 기꺼이 바람을 맞아들이십시오. 그리고 하늘과 햇빛과 나무를 바라보십시오. 불행들이 당장 달아날 것입니다.

나비처럼 날아서 벌처럼 쏜다. …… 나는 경량급 선수들처럼 빠르게 주위를 돌면서 발을 구르고, 이리저리 움직이면서 때리고 피하며, 획획 치고 빠지면서 권투를 예술의 경지로 끌어올렸다. 챔피언이란 체육관에서 만들어지는 것이 아니다. 챔피언은 그 사람의 내면 깊숙이에 있는 소망, 꿈, 이상에 의해 만들어진다. 챔피언은 결정적인 순간에 순발력이 있어야 하고, 빨라야 하고, 기량과 의지력이 있어야 한다. 하지만 의지력이 기량보다 훨씬 강해야 한다.

– 무하마드 알리(미국의 전 권투 선수)

인간이 자신의 운명을 알기 위해서는 우주를 이해해야 한다. 우주를 안다는 신비는 우리의 삶에서 매우 필요한 요소이다. 신비는 경이로움을 심어주고, 경이로움은 인간의 알고자 하는 욕구의 근본을 이룬다. 어떤 신비가 우리가 사는 동안에 해결되고, 또 어떤 새로운 수수께끼가 새로운 세대의 도전을 받게 될지 누가 알겠는가? 도전에 대한 반응은 민주주의가 지닌 위대한 힘이라고 할 수 있다. 우주에서 일궈낸 성공은 향후 10년간 이러한 힘이 지구가 직면해 있는 여러 가지 문제를 해결하는 데 사용될 수 있다는 희망을 갖게 해준다.

– 닐 암스트롱(미국의 우주비행사)

꽃이 핀 들판을 아무리 파헤쳐도 황금 광맥을 찾을 수 없지만 황야 밑에서는 가끔 그것이 발견된다. 이와 마찬가지로 사람의 인생도 그 외관만으로는 판단하기 어렵다. 비애와 우수가 금수의 옷을 입고 있을 수도 있으며. 암흑의 불행한 상복 속을 희망과 행복의 눈동자가 내다보는 수도 있다.

– S. 존슨(영국의 시인이자 수필가)

사람은 행복을 찾아 세상을 헤매지만 정작 행복은 누구의 손에 든지 잡힐 만큼 가까운 곳에 있습니다. 그러나 마음속에 만족을 얻지 못하면 절대 행복을 얻을 수가 없습니다.

평온한 바다는 결코 유능한 뱃사람을 만들 수 없다.

– 영국 속담

말기 췌장암으로 시한부 인생을 살았던 랜디 포쉬 교수는 『마지막 강의』에서 '자신의 어릴 적 꿈을 기억하라'는 주제로 강의하던 중 빨간 벽돌로 만들어진 벽을 보여주면서 말했습니다. "당신이 무엇을 하든 벽에 부딪힐 것입니다. 그 벽은 우리가 무언가를 얼마나 절실히 원하는지를 시험하는 기회이므로, 벽을 두려워해서는 안됩니다."

학문의 최대 적은 자기 마음속의 유혹이다.

– 윈스턴 처칠(영국의 정치가)

그대가 마음의 유혹을 뿌리치지 못하면 그대의 미래는 커다란 후회 속으로 빠져들 것입니다. 그대가 마음의 악마가 속삭이는 달콤한 유혹을 뿌리치지 못한다면 언제나 고통 속을 헤맬 것입니다. 바람 속의 갈대 같은 그대의 마음을 평정하십시오. 그러면 그대는 평온을 얻을 것입니다. 그대의 평온은 가슴으로부터 옵니다.

지독히 화가 날 때에는 인생이 얼마나 덧없는가를 생각해보라.

– 마르쿠스 아우렐리우스(로마의 황제)

화가 나서 견딜 수 없을 때는 간디의 이런 명구를 마음속에 떠올려보십시오.

“약한 인간은 결코 용서할 줄 모른다. 용서는 강한 인간만이 가진 속성이다.”

마음이 평화로운 상태를 유지해야만 일을 효과적으로 할 수 있고, 휴식 또한 완벽한 것이 됩니다.

자기 극복이 끝났을 때가 성공의 시작이다.

– 이소룡(미국 출신의 무술 배우)

아논은 “사람들은 평생 알프스 산을 그림으로만 보면서 오르기 힘든 산이라고 포기하고 있다가 죽을 때가 되면 자신이 경험해 보지 못한 등반의 애달픔을 저주하며 산기슭에서 죽는다”고 말했습니다. 어떤 일을 시도해보기도 전에 일찌감치 포기부터 하는 사람들이 너무나 많습니다. 이런 두려움을 극복했을 때 비로소 성공은 시작됩니다.

기적을 보기 위해 힘들게 찾아다닐 필요는 없다. 애벌레가 나비가 되고, 가냘픈 풀이 아름다운 꽃을 피우고, 작은 도토리가 커다란 참나무로 자라는 것, 이보다 더 놀라운 기적이 또 어디 있겠는가! 하지만 자연의 법칙을 거슬러 일어나는 일은 기적이 아니라 재앙이다.

– 명언

당신이 일몰의 경이로움과 달의 아름다움에 감탄할 때면 당신의 영혼은 신을 경배하기 위해 끝없이 멀리 팽창할 것입니다.

겉으로 보기에 인생은 모순으로 가득 차 있다. 하지만 모순 뒤에 숨어 있는 질서를 발견할 때 비로소 인생이 참으로 아름답다는 것을 느낄 수 있을 것이다.

– 이드리스 샤흐(명상가)

우주에는 질서정연한 규칙이 있습니다. 그리고 우주에 존재하는 모든 사물에는 그것을 다스리는 불변의 법칙이 있습니다. 우주의 법칙에는 맹점이 없습니다. 우주의 법칙을 벗어난 것은 살아 있는 존재를 다스릴 수가 없기 때문입니다.

어떤 일을 철저히 끝내려면 거기엔 반드시 희생정신이 뒤따라야 한다.

– 이소룡(미국 출신의 무술 배우)

꿀벌이 다른 동물보다 존경받는 것은 부지런하기 때문이 아니라 타자를 위해 일하기 때문입니다. 매일 당신과 동행하는 이웃의 길 위에 한 송이 꽃을 뿌릴 준비가 되어 있다면 당신의 삶은 더 큰 기쁨으로 채워질 것입니다.

생명은 자연의 가장 아름다운 발명이며, 죽음은 더 많은 생명을 얻기 위한 자연의 계교이다.

– 괴테(독일의 작가이자 철학자)

함석헌 선생님은 생명에 대해 이렇게 말했습니다. "생명은 지속된다. 끊이지 않고, 끊어졌다가도 다시 이어지는 것이 생명이다. 지지 않는 것이 이김이다. 져도 졌다 하지 않는 것이 이김이다. 놓지 않는 것이 이김이요, 믿음이다. 살려니, 되려니 하는 것이 믿음이다. 전혀 가망이 없어도 믿는 것, 없으면 만들기라도 하자는 것이 믿음이요, 그 믿음이 생명이다."

공기처럼 사소한 일도 질투하는 이에게는 성서의 증거처럼 강력한 확증이 될 수 있다.

– 셰익스피어(영국의 극작가)

셰익스피어는 『오셀로』를 통해 '의심이란 이유가 있어서가 아니라 의심 때문에 의심한다'고 쓰고 있습니다. 의심이나 질투는 뭔가 확실한 실체가 있는 것이 아니라 불안한 심리 때문에 발생한다고 할 수 있지요.

슬픔이란 자기 부정에서 오는 감정의 표현이다.

– 장자(중국 고대의 사상가)

바이런은 말했습니다.
"슬픔은 고독을 잡아먹고 산다. 분주한 자들에게는 눈물을 흘릴 여유도 없다."
목적을 세우고 그것을 위해 매진하십시오. 슬픔은 순식간에 달아날 것입니다.

우리의 일생은 타인에게 얽매여 있다. 타인을 사랑하는 데 인생의 반을 소모하고 타인을 비난하는 데 반을 소모한다.

– 조제프 주베르(프랑스의 작가)

『법구경』에서 '악한 일은 자기를 괴롭게 하지만 그것은 행하기 쉽고, 선한 일은 자기를 편안하게 하지만 그것은 행하기가 어렵다'고 하였습니다. 당신이 미워하는 사람에게 악행을 저지르면 당신의 증오에 기름을 붓는 것과 같습니다. 반대로 원수를 너그럽게 대하게 되면 당신의 마음속에 응어리져 있는 증오가 깨끗이 달아날 것입니다.

자연은 좀처럼 지나치지도 부족하지도 않게 사람들에게 공평한 재능을 나누어주었다. 모든 차이는 교육과 환경에서 오는 것이다. 문화는 천부적 재능을 향상시키고 기회가 그것을 이끌어낸다.

– 필립 체스터필드(영국의 문인이자 정치가)

부모로부터 좋은 환경을 부여받아 천부적 재능을 드러낸 사람을 쉽게 볼 수 있습니다. 이들은 부모와 즐겁게 노는 과정에서 부모들이 흥미와 관심을 갖는 분야에 동참함으로써 자기도 모르게 그 분야의 재능을 보여준 것입니다. 예를 들면 진화론을 창시한 찰스 다윈은 중학교 과학 교사인 아버지를 따라 곤충채집, 식물 채집을 하러 다니면서 생물과학에 흥미를 갖고 재능을 키워나갔습니다. 저명한 인물들이 어렸을 적에 영향을 받은 사람은 주로 부모지만 나이가 들면서부터 교사의 역할이 더 중요하게 나타납니다.

교육은 그대의 머릿속에 씨앗을 심어주는 것이 아니라 그 씨앗들이 자라나게 하는 양분을 공급해 주는 것이다.

– 칼릴 지브란(철학자이자 화가이며 소설가)

“새는 날 수 있게 태어났으며, 말은 달릴 수 있게 태어났고, 사람은 배우며 이해할 수 있게 태어났습니다. 그리고 우리 인간은 배움이라는 양분을 먹고 자랍니다.” 이는 퀸틸리아누스가 한 말입니다.

위대하다는 것은 오해받고 있다는 것과 같은 의미이다.

– R. W. 에머슨(미국의 시인이자 수필가)

자립심의 중요성을 강조하곤 했던 미국의 랠프 왈도 에머슨은 “반대에 직면했을 때는 용기가 필요하다”며 이렇게 말했습니다. “오해받는 것이 그렇게 나쁩니까? 피타고라스도 오해를 받았습니다. 소크라테스, 코페르니쿠스, 갈릴레오, 뉴턴 같은 완벽하게 순수하고 현명한 정신의 소유자들도 모두 오해를 받았습니다. 당신이 내린 결정에 대해 주변에서 반대를 하더라도 너무 상심하지 마십시오. 모든 위대한 사람들은 오해를 받았으니까요.”

한 순간의 상상력은 한 트럭의 지식보다 더 중요하다.

– 아인슈타인(미국의 이론물리학자)

아이들에게는 비범한 재주가 있습니다. 아무것도 상관하지 않는 재주입니다. 아이들은 어떤 상황에 놓이든 신나게 즐기는 재주가 있습니다. 마치 그리스 로마 신화에 나오는 창조의 여신들처럼 끊임없이 놀거리를 만들어냅니다. 장난감이 없을 때는 주변의 아무 물건에나 의미를 부여하여 신나게 놉니다. 바로 이것이 우리가 아이들에게서 배워야 할 자세입니다.

떨어져 있을 때의 추위와 붙으면 가시에 찔리는 아픔 사이를 반복하다가 결국 우리는 적당히 거리를 유지하는 법을 배우게 된다.

– 쇼펜하우어(독일의 철학자)

좋은 사람과 관계를 오래 유지하려면 너무 지나치지도 소홀하지도 말고 적당한 간격을 유지하세요. 그런 관계에서 가벼운 흥분과 설렘을 유지시켜주는 힘이 생겨납니다. 그러나 그 기분 좋은 균형이 무너지는 순간 집착과 미련이라 불리는 불쾌한 것들과 손을 잡게 되는 것입니다. 그리고 그 뒤에 찾아오는 일방적인 거리감은 이별이라 불리는 가슴 아픈 현실과 마주서게 합니다.

인생은 그 누구도 호락호락 놔두지 않는다. 우리는 늘 노력해야 하는데, 무엇보다 중요한 것은 우리 스스로를 신뢰하는 것이다. 누구에게나 한 가지 잘 할 수 있는 일이 있다. 당신이 잘 할 수 있는 바로 그 무언가를 찾았으면 성공할 때까지 노력해야 한다.

– 금언

어느 분야에서든 성공한 사람들은 모두 한결같이 쉬지 않고 자신이 뜻하는 바를 향하여 걸었던 사람들입니다. 크게 성공한 사람일수록 누구보다도 더 많은 노력을 한 사람입니다. 결국 사람은 자신이 노력한 만큼 거두어들입니다.

의사소통의 수단으로서의 책이 가지고 있는 모든 장점 중 최고의 가치는 단순히 책을 읽음으로써 독서하는 법을 배운 뒤 좀 더 미묘하고 복잡한 대화를 완벽하게 이해하는 능력을 기를 수 있다는 사실이다. 라디오나 영화는 사람을 수동적이게 하고 집중력을 떨어뜨린다.

– 조셉 우드 크루치(미국의 작가이자 문학평론가)

벤저민 프랭클린이 말했습니다. “독서는 정신적으로 충만해지게 하고, 사색은 사려 깊은 사람을 만듭니다. 그리고 논술은 확실한 사람을 만듭니다”라고.

사람들의 심신이 기진맥진할 정도로 고갈되게 되면 결국 멸망을 초래한다. 그것은 그들에게 힘겨운 고뇌를 안겨주어 일종의 잠 속으로 빠지는 죽음으로 안내한다.

– 칼릴 지브란(레바논의 철학자이자 시인)

우리의 뇌는 컴퓨터를 능가하는 기능을 가지고 있지만 너무 바쁘게 움직이다 보면 뇌가 갖는 엄청난 파워, 즉 창조적 능력은 없어지고 기계적인 작동만 하게 됩니다. 뇌가 휴식을 취하면 여러 자극과 아이디어들이 서로 연결고리를 만들어 새로운 차원의 아이디어를 만들어냅니다. 따라서 휴식은 반드시 필요한 영혼의 자양분입니다.

발 없는 말이 천 리 간다

– 속담

우리에게 너무나 익숙한 속담이지만 가슴속 깊이 새겨두어야 할 문구입니다. 정보화의 발달로 전 인구의 70% 이상이 인터넷을 이용하고 있습니다. 인터넷은 우리의 삶을 보다 풍요롭게 만들기 위한 수단으로 발명되었지만 갈수록 루머의 확산 도구로 변해버리고 말았습니다. 아무 생각 없이, 또는 블로그의 방문자 숫자를 늘리기 위해 당신이 퍼뜨린 루머에 많은 사람들이 고통을 당한다는 사실을 알아야 합니다. 그리고 당신 역시 루머의 피해자가 될 수 있음을 안다면 타인에 대한 평가를 좀 더 신중하게 하게 될 것입니다.

하나님은 인간을 자유롭게 창조하였다. 인간은 자신에게 부여된 능력을 현명하게 사용하는 방법을 배우기 위해 자유롭지 않으면 안 된다.

– 칸트(독일의 계몽주의 사상가)

사람들은 규칙을 만들어내는 것을 좋아합니다. 규칙은 중요한 것이기는 하지만 필요불가결한 것은 아닙니다. 그러므로 규칙의 틀에서 벗어나 자유롭게 생각해볼 필요가 있습니다. 무슨 일에서든지 정답과 오답을 찾아내는 습관이 몸에 배게 되면 창조적 괄약근은 점점 굳어져 획일화되고 검정되고 안전한 것만 찾게 됩니다.

자신이 하는 일을 재미없어 하는 사람치고 성공한 사람을 보지 못했다.

– 데일 카네기(미국의 컨설턴트)

공자는 〈논어〉의 옹야편에서 이렇게 쓰고 있습니다. 「뭔가를 알려고 하는 사람은 좋아서 하는 사람만 못하고, 좋아서 하는 사람은 그 일을 즐기며 하는 사람만 못하다.」 세상을 변화시킨 걸출한 천재들은 거의 대부분 한 가지 일에 미쳐 있었던 사람들입니다.

절망하지 마라. 설사 그대가 절망하지 않을 수 없더라도 절망하지 마라. 이미 끝장이 난 듯싶어도 결국은 새로운 힘이 생겨나는 것이다. 모든 것이 정말로 끝장이 났을 때에는 절망할 수도 없지 않은가!

– 카프카(유대계 독일인 작가)

인간만이 진실로 절망할 수 있고, 인간만이 진실로 그 절망의 저편에 자리 잡고 있는 고독의 즐거움을 맛볼 수 있습니다. 절망이라는 병에 걸릴 수 있다는 것은 인간이 동물보다 지극히 우수한 장점을 지니고 있다는 뜻입니다. 그러므로 조금 울적하다고 무방비 상태로 절망의 나락으로 떨어져서는 안 되겠지요? 절망에서 희망을 찾아야 하는 것이 우리가 할 일입니다.

고통은 인간의 위대한 교사이다. 고통의 숨결 속에서 영혼이 발육된다.

– 바흐(독일의 작곡가)

마르셀 프루스트는 예술과 고통이 어떻게 연결되어 있는지에 대해 이렇게 설명했습니다. '가장 하찮은 것들에 매력과 신비를 주는 건 예술만이 아니라 고통에도 그런 것을 주는 능력이 있다'고. 사람들이 수많은 예술 작품을 접하는 순간 저도 모르게 감동에 몸을 떠는 것은 자신이 겪은 과거의 고통이 예술가의 작품 속에 고스란히 투영되어 있기 때문입니다.

장애물과 기회의 차이는 무엇인가? 그 차이란 그것에 대한 우리의 태도일 뿐이다.

– 금언

『오체 불만족』의 작가 오토다케 히로타다! 그의 다 자란 팔다리는 고작 10센티미터에 불과했습니다. 그러나 그는 그런 팔다리로 달리기, 야구, 농구, 수영 등 못하는 운동이 없었습니다. 어렸을 때부터 보통사람과 똑같이 교육을 받은 그는 자신의 신체가 지닌 장애를 결코 불행한 쪽으로만 바라보지 않았습니다. 오히려 '초개성적'이라고 생각하며 '장애와 행복 사이에는 아무런 관계가 없다'고 묵살해버렸습니다.

가혹하고 부정적인 뜻이 함축된 언어를 피하라. 언어란 사고의 토대이고 사고는 감정의 영역이다. 그러므로 긍정적인 언어를 사용하면 주변 사람에게 분노를 살 일을 최소한 줄일 수 있다.

– 데이비드 J. 리버만(미국의 심리학자)

한 기업체를 경영하는 경영자는 매일 아침 일어나 이렇게 자기암시를 한다고 합니다. '오늘이야말로 정말 좋은 날이다. 내 생애 최고의 좋은 날이다.' 그리고 저녁에는, '내일은 나의 생애 최고의 날이 될 것이다'라는 암시로 신념을 강화한다고 합니다. 긍정적인 말을 습관적으로 하는 사람은 부정적인 말을 습관적으로 하는 사람보다 훨씬 성공적인 삶을 살게 된다고 합니다.

모든 인류는 열정을 갖고 있다. 열정 없이는 종교, 역사, 소설, 예술이 아무 쓸모가 없다.

–발자크(프랑스의 소설가)

토인비는 "무기력을 극복하는 유일한 약은 열정이다"라고 말했고, 위대한 사업가였던 찰스 스왑은 "열정을 갖고서 일하지 않는 한 성공은 없다"고 말했습니다. 열정 없는 삶은 가치 없는 하루하루를 보내는 것과 다름없습니다.

아름다운 육체를 위해 쾌락이 있다. 그러나 아름다운 영혼을 위한 고뇌만큼 가치 있는 것은 없다.

– 오스카 와일드(아일랜드 출신의 영국 소설가)

도스토예프스키는 고뇌의 중요성에 대해 이렇게 말했습니다. "고뇌를 경험해 보지 않고는 행복을 이해할 수 없다. 황금이 불로 정제되는 것처럼, 이상도 고뇌를 거침으로써 아름다운 열매를 맺는 것이다. 따라서 천상의 왕국은 노력에 의해 얻어지는 것이다."

한 사람의 진실한 벗은 천 명의 적이 당신을 불행하게 만드는 힘 이상으로 당신을 행복하게 한다.

– 에센바흐(독일 중세의 궁정 시인)

공자는 우리에게 어떤 친구가 유익한지, 어떤 친구를 피해야 하는지를 친절하게 알려주고 있습니다. "유익한 친구가 세 종류 있고, 해로운 친구가 세 종류 있다. 정직하고 진실하고 견문이 넓은 사람을 벗으로 삼으면 유익하다. 그러나 형식만 차리는 사람, 대면할 때만 좋아하는 사람, 말재주만 있는 사람을 친구로 삼으면 좋지 않다."

용모는 결코 거짓말을 하지 않는다.

– 발자크(프랑스의 소설가)

링컨이 대통령으로 있을 때의 일입니다. 절친한 친구가 누군가를 대통령 비서로 추천하였습니다. 링컨은 친구의 인격을 믿었기에 그 사람을 채용하려고 하였습니다. 그러나 링컨은 그 사람을 면접하고는 그 자리에서 되돌려 보냈습니다. 친구가 그 문제로 항의를 하자 링컨은 이렇게 대답했다고 합니다.

"사람은 나이 40이 되면 자기 얼굴에 책임을 져야 합니다. 그런데 그 사람 얼굴을 보니 진실이라곤 한 군데도 찾아볼 수 없었습니다."

정열은 놀라운 설득력을 지닌 대단한 웅변가다.

– 라로슈프코(프랑스의 작가)

자신이 우울하다는 것을 알 수 있는 한 가지 징후는 일에 흥미를 잃어버렸을 때입니다. 일에 흥미를 잃었을 때는 먼저 내면의 열정을 불태울 필요가 있습니다. 세상을 움직이는 것은 한 사람 한 사람의 열정입니다.

일평생 계속되는 로맨스, 그것은 바로 자기 자신에 대한 사랑이다.

– 오스카 와일드(아일랜드 시인, 소설가 겸 극작가)

누군가를 사랑한다는 것은 어쩌면 자기애를 만족시키는 일이라고 할 수 있습니다. 하지만 건강한 자기애는 병리적 자기애를 인식하고, 그것을 의식 속에서 통합하는 행위를 바탕으로 이루어집니다. 즉 자기 내면에 있는 추악하고 부정적인 감정을 인정하고, 그 자체를 사랑할 수 있는 것이 진정한 자기애라고 할 수 있지요.

감정 폭발이란 이성의 결함을 말한다. 어리석은 사람이 격분하고 있을 때, 냉정을 잃지 않는 사람은 성숙한 인간의 징표로, 사람들 사이에서 존경을 받는다.

– 발타자르 그라시안(스페인의 대문호이자 철학자)

심한 노여움에 휩싸였을 때는 어떤 방법으로 마음을 진정시켜야 할지 알고 있어야 합니다. 홧김에 터져 나온 말 한마디가 순식간에 당신을 지옥의 불덩어리 속으로 던져버릴 수 있습니다. 극단적인 대립으로 감정이 격심하게 소용돌이칠 때에는 먼저 자신이 냉정을 잃었다는 점을 인식할 필요가 있습니다. 그렇게 함으로써 의식적인 감정 억제 요소가 개입됩니다. 이때 격분을 몰아내고 냉정을 되찾을 수 있도록 노력하는 것 역시 중요합니다.

두려움 때문에 갖는 존경심만큼 비열한 것은 없다.

– 알베르 카뮈(프랑스의 작가)

두려움을 극복하기 위해서는 우선 두려움의 실체를 알아야 합니다. 두려움이란 감정은 누구나 숨기고 싶어 하지만 알고 보면 모두가 가지고 있는 감정의 일부입니다. 현대화가 진행될수록 대상도 다양해지고 그 정도도 훨씬 강화된 '두려움'이란 감정은 어떻게 받아들이느냐에 따라 삶의 안전장치가 되기도 하고, 악령이 되기도 합니다. 두려움을 극복하려면 우선 사고방식을 업데이트시키는 것이 중요합니다. 즉 생각하는 기술을 배우고 관리하고, 그것을 발전시켜 나아가야 한다는 뜻입니다.

모든 죄악의 근본은 조바심과 게으름이다.

– 카프카(유대계 독일의 소설가)

J.르나르는 게으름에 대해 이런 명구를 남겼습니다. “당신의 게으름을 벌주기 위해 타인의 성공이 만들어졌다.” 성공한 친구를 부러워하기 전에 자신의 과거를 되돌아보십시오.

오랫동안 꿈을 그리는 사람은 마침내 그 꿈을 닮아간다.

– 앙드레 말로(프랑스의 소설가)

아리스토텔레스는 꿈에 대해 이런 말을 남겼습니다. “희망은 잠자고 있지 않는 인간의 꿈이다. 인간에게 꿈이 있는 한 이 세상은 도전해 볼만하다. 어떠한 일이 있더라도 꿈을 잃지 마라. 꿈은 희망을 버리지 않는 사람에게 선물로 주어진다.”

습관

Habit

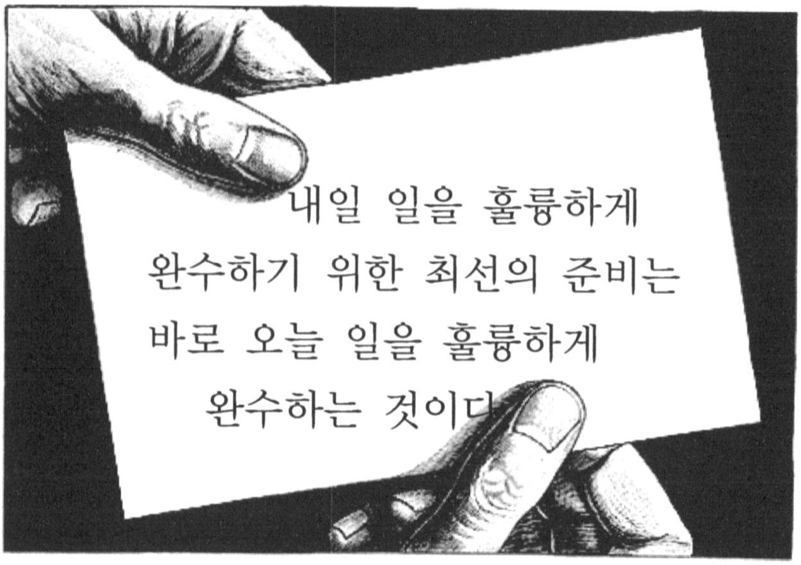

– 앨버트 허버드(미국의 저술가)

말은 날개를 가지지만 생각하는 곳으로 날아 가지는 않는다.

– 조지 엘리엇(영국의 소설가)

말은 내뱉은 사람의 의도와는 전혀 다르게 해석될 수가 있습니다. 듣는 사람의 지적 · 감성적 지배를 받기 때문이지요. 말의 특성상 한번 입 밖으로 내뱉은 것은 다시 주워 담을 수 없기 때문에 누군가에게 말을 할 때는 자신의 감정과 의도가 정확히 전달되도록 한 마디 한 마디를 신중하게 선택해서 해야 합니다.

노동을 소중하게 여겨라. 노동의 빛은 아름답다. 노동은 온갖 덕의 원천이기 때문이다.

– 에이브러햄 링컨(미국의 제16대 대통령)

막심 고리키가 말하길 "행복은 그것을 두 손 안에 꽉 잡고 있을 때는 몹시 작아 보이나 그것을 풀어주고 나면 얼마나 크고 귀중한 것인지 비로소 알 수 있다"고 했습니다. 일하고 있는 당신, 지금이 가장 행복한 시간입니다.

기둥이 약하면 집이 흔들리듯 의지가 약하면 생활도 휘청거린다.

– 에머슨(미국의 사상가이자 시인)

괴테는 우리에게 도발적으로 부추깁니다. "꿈을 품고 무언가 할 수 있다는 의지력이 생겼으면 목표한 바를 실행하라. 그리고 새로운 일을 시작하는 용기 속에 당신의 천재성과 능력과 기적이 숨어 있다"고. 강한 의지력으로 무장하고 앞으로 나아가십시오.

수많은 광물이 묻힌 광산처럼 얼굴엔 인간의 모든 게 묻혀 있죠.

– 다니엘 맥닐(미국의 저널리스트)

셰익스피어는 『멕베스』에서 인간의 얼굴에 대해 이렇게 썼습니다. "당신 얼굴은 뭔가 수상한 내용이 담긴 한 권의 책 같군요."이라고. 맞습니다. 사람의 얼굴에는 그 사람의 이력이 그대로 드러납니다. 따라서 당신의 모든 생각과 행위가 담긴 책을 좀 더 훌륭한 내용으로 꾸며야겠지요?

나는 한 권의 책을 책꽂이에서 뽑아 읽었다. 그리고 그 책을 꽂아놓았다. 그러나 나는 이미 조금 전의 내가 아니다.

– 앙드레 지드(프랑스의 소설가)

데카르트는 독서의 필요성에 대해 이렇게 말했습니다. "좋은 책을 읽는다는 것은 과거의 가장 훌륭한 사람들과 대화하는 것이다." 그렇습니다. 책은 인류의 위대한 천재들이 후세들에게 남긴 유산으로, 이는 한 세대에서 다른 세대로 계속 전달됩니다.

승자가 즐겨 쓰는 말은 '다시 한 번 해보자'이고 패자가 즐겨 쓰는 말은 '해봐야 별 수 없다'이다.

–『탈무드』

실수와 실패, 자존심과 자부심, 관용과 존경……. 언뜻 비슷해 보이는 단어들이지만 이들 짝 중 하나는 승자의 언어이고 하나는 패자의 언어입니다. 실패와 자부심, 존경은 승자들의 언어입니다. 승자의 언어와 패자의 언어 사이에는 크나큰 간극이 존재합니다. 당신이 승자가 되려면 승자의 언어에 익숙해져야 합니다.

작은 것만 생각하면 사람도 작아진다. 큰 것을 생각하면 사람도 커진다.

– 금언

큰 생각을 하려면 어떻게 해야 할까요? 먼저 정신을 맑게 해야 생각의 폭이 넓어집니다. 그리고 마음을 차분하게 가라앉혀야 생각이 깊어집니다. 그 모두를 충족시키려면 몸은 따뜻하게 하고, 머리를 차갑게 해야 합니다.

모자는 빨리 벗고 지갑은 천천히 열어라.

– 덴마크 격언

돈을 버는 것은 '의지'의 문제이지만, 돈을 쓰는 것은 '본능'의 문제입니다. 늘 의지보다 우선해서 나타나는 이 본능을 잘 다스리고 효과적으로 활용해야 돈이 모이고 부자가 될 수 있습니다. 마음에 드는 상품을 가지고 싶다고 무조건 지갑을 열어서는 안됩니다. 작은 지출을 삼가야 합니다. 작은 구멍이 거대한 배를 침몰시킬 수 있기 때문입니다.

과거에 대해 생각하지 마라. 미래에 대해서도 생각하지 말라. 단지 현재에 살아라. 그러면 모든 과거도 미래도 그대의 것이 될 것이니.

– 라즈니쉬(인도의 철학자)

한 연구 결과 매일 2, 3분을 투자해서 그날 있었던 일 중에 감사할 만한 것을 적는 사람들이 그렇지 않은 사람들보다 훨씬 더 긍정적인 성향을 가지고 활기차게 생활했으며, 일에 대한 수행 능력도 뛰어났다고 합니다. 하지만 그보다 더 중요한 것은 현재 자신이 해야 할 일을 즐긴다는 사실입니다.

고난의 시기에 동요하지 않는 사람, 이런 사람이야 말로 진정 뛰어난 인물이다.

– 베토벤(독일의 음악가)

에크하르트 톨레는 『NOW』를 통해 '인류가 자신의 생각과 에고를 자신이라고 믿는 마음이 분노나 불행으로 이어지게 한다'고 합니다. 에고를 바탕으로 한 의식 상태에서 벗어나면 삶의 너저분한 갈등에서 헤어나올 수 있습니다.

불행한 사람은 언제나 자기가 불행하다는 것을 자랑삼고 다니는 사람이다.

– 러셀(영국의 철학자)

행복이 우리 인간의 자연스러운 상태이지만 아이러니컬하게도 인간은 불행을 더 편안하게 느끼도록 훈련되었습니다. 이상하게도 우리는 행복에 익숙하지 않습니다. 때때로 행복은 부자연스러울 뿐만 아니라 과분한 것이라고 생각하기도 합니다. 우리가 누군가에 대해, 또는 어떤 상황에 대해 최악의 경우를 생각하는 이유도 거기에 있습니다.

슬픔은 버릴 것이 아니다. 우리가 살아 있는 한 그것은 빛나는 기쁨과 같은 정도의 강력한 힘을 발한다. 그것이 없으면 우리는 지극히 무기력한 삶을 살게 될 것이다.

– 로댕(프랑스의 조각가)

세상에 대해 두려워 마십시오. 그러면 곧 알게 될 것입니다. 고통을 겪은 다음 강해지는 것이 얼마나 장엄한가를. 편안한 환경에서는 절대 강한 인간이 만들어지지 않습니다. 시련과 고통을 통해서만이 일에 대한 통찰력과 영감을 떠올릴 수 있으며, 그것을 바탕으로 성공을 이룰 수 있습니다.

뜨거운 난로 뚜껑에 앉아본 경험이 있는 고양이는 차가운 난로 뚜껑에도 앉지 않으려 한다.

– 마크 트웨인(미국의 소설가)

많은 사람들이 경험의 중요성에 대해 논하고 있지만 경험에 의존한 삶은 자칫 사람을 한계에 가둬버릴 수가 있습니다. 작가들 중에는 실제 경험을 주제로 소설을 쓰는 사람과 상상력으로 글을 쓰는 사람이 있는데, 상상력으로 글을 쓰는 작가의 경우 훨씬 창작의 외연의 폭이 넓다고 합니다.

귀로는 남의 그릇됨을 듣지 말라. 눈으로는 남의 단점을 보지 말라. 입으로는 남의 허물을 말하지 말라.

– 『명심보감』

러시아의 문호인 톨스토이는 타인을 대하는 복잡한 인간 심리에 대해 이렇게 설명하고 있습니다. "사람은 자기 자신을 극복했을 때에만 이웃을 비난하지 않게 된다." 그러므로 타인을 비난하기 전에 먼저 자기 자신의 내면을 신중히 살펴볼 필요가 있습니다.

당신이 자신의 불행을 생각하지 않게 되는 가장 좋은 방법은 일에 몰입하는 것이다.

– 금언

어떤 일에 몰입하는 순간 물 흐르듯 행동이 자연스럽게 이루어지는 느낌을 가질 것입니다. 그것은 운동선수가 말하는 몰아일체의 상태, 신비주의자가 말하는 무아경, 가나 음악가가 말하는 미적 황홀경을 말합니다.

국가가 헌법을 정하지 않으면 안 되듯, 개인도 나름의 규범을 갖지 않으면 안 된다.

– 베토벤(독일의 음악가)

기초질서가 바로잡혀 있지 않으면 이를 존중하며 지키는 선량한 시민들도 손해를 본다는 생각을 갖게 되면서 이들까지 결국 범법자가 되어 전체적인 사회 분위기가 악화될 수 있습니다. 기초질서란 공동체 사회를 유지하는 기본적인 생활규범이라고 할 수 있지요. 그러나 최근 사람들 사이에 '법을 지키면 손해를 본다'는 왜곡된 법의식이 팽배하게 되었습니다. 하지만 진정한 선진국민이 되려면 이런 의식에서 벗어나야 합니다. 단속과 통제에 앞서 생활 속의 작은 법규부터 지키도록 노력해야 할 것입니다.

그간 우리에게 가장 큰 피해를 끼친 말은 '지금껏 늘 그래 왔어'라는 말이다.

– 금언

성공적인 인생을 사는 단 3%를 제외하고 평범한 사람들이 삶을 크게 변화시키지 못하는 이유는 '지금껏 늘 그래 온' 과거의 생활 패턴에서 탈피하지 못하는데다가 주변에서 '지금껏 늘 그래 왔어'란 시선으로 그 사람을 바라보기 때문입니다. 지금까지와 전혀 다른 삶을 살고 싶다면 지금까지와 전혀 다른 환경으로 이동해서 전혀 다르게 생활을 해보는 것도 좋은 방법입니다.

자신의 정열을 다스리는 사람은 남을 다스릴 수 있고, 그것에 굴종하는 사람은 남의 지배를 받는다.

– 벤저민 프랭클린(미국의 정치가이자 저술가)

남에게 복종할 수 없는 사람은 다른 사람을 지배할 수도 없습니다. 스스로를 컨트롤할 수 있는 사람만이 운명을 뛰어넘을 수 있습니다. 섬세한 감정을 지닌 사람들은 당신이 그들보다 먼저 그들의 감정을 해치지 못하도록 당신의 감정을 건드린다는 것을 알아두어야 합니다.

괴로워하거나 불평하지 말라. 사소한 불평은 눈감아 버려라. 어떤 의미에서는 인생의 큰 불행이라고 할 수 있는 것도 의연하게 감수하고 목적을 향하여 똑바로 전진하라.

– 고흐(네덜란드의 화가)

독일의 유명한 작가인 괴테의 어머니는 엄청난 활력과 끊임없이 솟아나는 유머의 소유자였습니다. 그녀는 지구상에서 즐길 수 있는 것은 마음껏 즐기고, 불쾌한 것은 깡그리 무시해버릴 줄 아는 놀라운 능력을 갖고 있었습니다. 우리가 그녀에게서 배워야 할 것은 인생을 즐기며 살아가는 태도입니다.

같은 말이라도 듣기 좋고 긍정적으로 하라. 겸손한 마음을 가지고 남을 칭찬하라. 그리고 우호적인 미소를 보내라. 화초에 가장 좋은 비료는 주인이 매일 아침 말을 걸어주는 것이다. 음악을 듣고 자란 오이는 결실도 좋다.

– 금언

부자들에게 자포자기란 없습니다. 가난하다고 슬퍼할 시간에 신발끈을 동여매는 게 이들입니다. 어찌 보면 가난은 역경극복을 자극하는 무형의 자산이라고 할 수 있습니다. 긍정적인 사고가 좋은 결과를 낳는 법입니다. 부자가 되겠다는 자극과 마인드 컨트롤은 이들의 최대 무기입니다. 확신과 긍정으로 무장된 마음가짐은 실제로 좋은 결과를 냅니다. 부자들 중 자기 자신이 부자가 못 될 것이라고 생각한 사람은 없습니다. 그리고 그들은 자기의 운명에 낙관적이었습니다.

명랑한 기분으로 생활하는 것이 육체와 정신을 위한 가장 좋은 위생법이다. 명랑한 기분은 값비싼 보약보다 훨씬 더 큰 약효를 지니고 있다.

– C.샌드버그(미국의 시인)

옷차림을 보고 진짜 부자인지 아닌지 판단하기는 어렵다고 합니다. 가난한 사람이 화려한 명품을 구입해 입고 다니는 경우가 많기 때문입니다. 문승렬 부자특성연구회 박사는 "부자들의 얼굴에는 돈이 새지 않도록 하는 인중라인과 입가의 법령라인, 입 주위의 웃음라인이 뚜렷하다"며, 자신감이 있으니 그만큼 잘 웃는다고 밝혔습니다. 부자가 되고 싶다면 마음을 컨트롤하여 입가에 웃음이 떠나가지 않도록 하세요.

개가 자기가 토한 것을 도로 먹는 것처럼 미련한 자는 미련한 짓을 계속 되풀이한다.

– 성경 잠언

나쁜 습관은 의식적으로라도 고치려고 노력하지 않으면 안 됩니다. 새뮤얼 스마일스는 습관에 대해 이런 말로 독자에게 충고합니다. "습관은 나무껍질에 새겨놓은 문자 같아서 그 나무가 자라남에 따라 점점 확대된다."

속으로는 생각해도 입 밖에 내지 말며, 서로 아무리 친해도 지켜야 할 선을 넘지 마라. 그러나 일단 마음으로 맺은 친구는 쇠사슬로 묶어서라도 놓치지 마라.

– 셰익스피어(영국의 극작가)

인생에서 우정을 없앤다는 것은 태양 없이 산다는 것과 같다고 할 만큼 중요한 요소입니다. 세계적으로 장수를 한 사람들의 가장 큰 특징은 많은 친구를 가지고 있었다는 점입니다. 평균 6명 정도의 친구를 갖는 것이 적절하다고 합니다.

인생에서 가장 중요한 것은 당신의 내부에서 빛이 꺼지지 않도록 노력하는 것이다. 안에 빛이 있으면 저절로 밖이 빛나는 법이다.

– 슈바이처(독일의 의사이자 철학자)

희망은 일상적인 시간이 영원과 속삭이는 대화입니다. 희망은 멀리 있는 게 아니라 바로 당신 곁에 있습니다. 그러니 당신의 일상에 희망이 깃들어 있는지 늘 점검하도록 하세요. 세상을 움직이는 힘은 희망에서 솟아납니다.

세상을 바라보는 방식이 그 사람의 운명을 결정한다.

– 슈바이처(독일의 의사이자 철학자)

지금 당신이 안고 있는 고민으로 살이 마구 빠질 것 같든, 머리카락이 술술 빠질 것 같든 그것은 당신의 인생 전체를 대체할 만큼 큰 문제는 아닙니다. 사람들이 사고의 함정에 빠지는 이유는 만사를 너무 심각하게 받아들이기 때문입니다. 한데 사람들이 특정 시각이나 관점에 고착되는 이유는 결과에 대해 걱정하도록 뇌가 프로그램화되어 있기 때문입니다. 잘못 프로그램된 뇌를 다시 정상으로 되돌려놓으십시오.

인생이란 학교에는 '불행'이란 훌륭한 스승이 있다. 그 스승 덕분에 우리는 더욱 단련되는 것이다.

– 프리체(러시아의 문예평론가)

대부분의 젊은이들은 어떤 난관과 부닥치면 그 쇼크에서 다시는 일어날 수 없을 거라고 생각합니다. 그러나 시간이 지나고 보면 그것은 아무것도 아니라고 여기게 됩니다. 특히 젊은 시절에 궁지에 몰리게 되면 그것은 큰 위기처럼 느껴집니다. 그러나 시간이 지나서 생각해 보면 그것은 누구나 겪는 성장 과정에 불과하다는 걸 느낄 것입니다.

로마인은 뭔가 마음에 드는 것이 있으면 그것이 적의 것이라 해도 거부하기보다는 모방하는 쪽을 선택했다.

– 시오노 나나미(일본의 소설가)

『탈무드』에는 이런 글이 있습니다.

「세상에서 가장 현명한 사람은 모든 사람으로부터 배울 수 있고, 남을 칭찬하며, 감정을 조절할 수 있는 능력을 가진 사람이다.」

사람은 세상의 빛을 보는 순간 자신을 10달 동안 품어준 어머니와의 만남을 시작으로 수없이 많은 사람들과 인연을 맺습니다. 어머니에게서는 사랑하는 법을 배우고, 친구와는 우정을 배우고, 사회에서는 세상 살아가는 법을 배웁니다. 이처럼 우리는 죽는 순간까지 끊임없이 뭔가를 배웁니다.

사람의 불행과 행복을 좌우하는 것은 비교이다.

– 금언

경제사학자이자 행복경제학의 창시자로 불리는 리처드 이스털린 교수는 1946년부터 가난한 나라와 부자 나라, 그리고 사회주의 국가와 자본주의 국가 등 30여 개 국의 행복도를 연구했습니다. 그 결과 경제적 발전단계와 사회체제와 상관없이 소득이 높은 사람들이 더 높은 행복감을 표시했습니다. 그러나 역설적이게도 시점을 두고 분석해봤더니 소득수준이 늘어나도 행복도가 더 이상 높아지지 않는 현상이 발생했습니다. 미국의 경우 1971년부터 1991년까지 1인당 국민소득은 83%나 증가했지만 행복하다고 생각하는 사람은 그 이전보다 오히려 줄어들었다. 이런 현상을 두고 그의 이름을 따서 '이스털린의 역설'이라고 부르게 되었습니다.

배움은 우연히 얻을 수 있는 것이 아니라 열정과 노력을 통해서 이루어진다.

– 아비게일 애덤스(미국의 제2대 대통령인 존 애덤스의 부인)

카를 힐티는 열정의 중요함에 대해 이렇게 말했습니다. "정열이 없는 곳에는 가치 있는 인생도 사업도 없다. 진리를 구하고 찾는 데에는 냉철한 이지의 힘이 필요하지만 이를 밀고 나가는 것은 정열이다. 어디까지나 진리에 충실하려는 정열, 이것이 없고서는 이지의 힘도 명철해지지 못한다. 정열은 인생의 힘이다."

똑바로 서라. 남의 힘을 빌려서라도 똑바로 서라.

– 아우렐리우스(로마제국의 제16대 황제)

로가우는 “자기 자신과 싸우는 일이야말로 가장 힘겨운 싸움이며, 자기 자신에게 이기는 일이야말로 가장 값진 승리다”라고 말했습니다. 우리의 삶을 이루는 하루하루는 외부의 누군가와 싸우는 것이 아니라 내면의 자기 자신과의 싸움입니다. 당신의 내면을 강하게 단련하여 당신을 쓰러뜨리려는 적과의 싸움에서 이기는 것만이 진정한 승리라고 할 수 있습니다.

어떤 것도 근면함 앞에서는 무너진다.

– 안티파네스(고대 그리스의 시인)

근면의 사전적 의미는 ‘부지런히 힘씀’이라고 되어 있습니다. 왜 우리가 근면하게 살아야 하는지 생각해보면 그 중요성이 깨달아질 것입니다. 알고 보면 수많은 천재들을 만들어낸 생활습관도 ‘근면’입니다. 모차르트, 아인슈타인, 에디슨도 근면이 생활의 토대를 이루었습니다.

만약 이 세상에 성공의 비결이란 것이 있다면, 그것은 타인의 관점을 잘 포착하여 자기 자신의 입장에서 사물을 볼 줄 아는 재능, 바로 그것이다.

– 헨리 포드(포드 자동차 회사의 창설자)

우리나라 최고 재벌 기업이라고 할 수 있는 삼성, 현대, LG가 어떻게 성공할 수 있었을까요? 그들의 성공은 그들이 만들어 낸 상품을 구입한 소비자가 있었기에 가능했던 일입니다. 따라서 진정 성공을 이루고 싶다면 소비자의 입장이 되어 생각하는 습관을 길러야 할 것입니다.

세상이 야속하다고 말하지 말고, 세상에서 없어서는 안 될 사람이 되도록 하라. 세상이 당신을 찾도록 해야 한다.

– 에머슨(미국의 사상가이자 시인)

목표와 방향이 뚜렷하지 못할지라도 그날그날 자신이 맡은 일을 충실히 해나가다 보면 저절로 길이 열릴 것입니다. 뛰어난 재주를 갖지 못했을지라도 노력하는 사람은 반드시 성공을 거두게 됩니다.

고정관념을 가지고는 남을 뛰어넘을 수가 없다. 그러기에 고정관념을 깨야 한다. 즉 구태의연한 사고의 노예가 되어서는 안 된다. 평범한 사고로는 문제점을 발견할 수 없고, 발전의 엔진을 돌릴 수도 없다.

– 금언

〈월스트리트 저널〉은 고정관념에 대해 아주 재미있는 예를 설명하고 있습니다. 투자에 대해 생각할 때 항상 상대방이 있다는 걸 명심하라고 권합니다. 투자의 대부분은 한 사람이 이익을 얻으면 상대방이 손해를 보는 제로섬 게임입니다. 항상 상대방이 한수 위에서 시장을 바라보고 당신을 이용해 이익을 취하려 한다는 점을 명심하십시오.

마술은 마음속에 있다. 마음이 지옥을 천국으로 만들 수도 있고, 천국을 지옥으로 만들 수도 있다. 자신의 마음을 지옥으로 만들고 싶은 사람은 아마 없을 것이다. 마음을 천국으로 만들고 싶은 이들이여! 자기 마음속에 마술을 부려 즐겁고 찬란한 하루를 만들어라.

– 에디슨(미국의 발명가)

게릴라전의 최고 이론가인 체 게바라는 말했습니다.
"우리 모두 리얼리스트가 되자. 그러나 가슴속에는 불가능한 꿈을 가지자."
불가능을 가능으로 만드는 것이 도전의 진정한 의미입니다.

내일 일을 훌륭하게 완수하기 위한 최선의 준비는 오늘 일을 훌륭하게 완수하는 것이다.

– 앨버트 허버드(미국의 저술가)

오늘 해야 할 일을 내일로 미루는 습관에서 벗어나십시오. 우리가 살고 있는 것은 오늘 하루뿐입니다. 내일은 내일 해가 뜬다 해도 그것은 내일의 해입니다. 내일은 내일의 문제가 우리를 기다립니다. 오늘 해야 할 일을 미루지 마십시오. 미루는 것은 죽음에 이르는 병입니다.

머리를 너무 높이 들지 마라. 모든 입구는 낮은 법이다.

– 영국 속담

진정으로 용기가 있는 사람만이 겸손할 수 있습니다. 겸손은 자기를 낮추는 것이 아니라 진정으로 자기를 높이는 것입니다. 어떤 일이든 좋은 결과를 얻으려면 대가를 지불해야 합니다. 당신이 가장 적게 지불하고 크게 얻을 수 있는 것이 겸손입니다.

산중의 도적을 쳐부수기는 쉽지만 심중의 도적을 쳐내는 것은 어렵다.

– 왕양명(중국 명나라 중기의 유학자)

심중의 도적, 즉 양심이란 녀석은 사람의 마음을 지독하게 괴롭힙니다. 훔치려고 하면 꾸짖고, 누군가를 중상하려고 하면 야단을 칩니다. 이 양심이란 녀석은 사람의 마음속에 도사리고 있으면서 늘 모반을 일으키는 아주 고약한 녀석입니다.

겨울이 지나 여름이 되었는데도 앙상한 가지만을 고수하려는 나무는 죽은 나무임에 틀림없다. 먼저 고정관념을 버려야 한다.

– 금언

어떤 문제에 직면하여 당신의 의견만을 고집한다는 것은 당신의 영혼을 감옥에 가둬두는 것과 같습니다. 당장 사고를 전환하여 한 가지 생각에 빠져 있는 생각의 감옥에서 탈출하십시오.

입은 화의 문이고, 혀는 몸을 베는 칼이다. 입을 닫고 혀를 깊이 간직하면 더없는 편안을 누릴 수 있다.

– 전당시(중국 청대에 편찬된 당시(唐詩) 전집)

침묵에는 세 가지가 있습니다. 첫째는 말의 침묵, 둘째는 욕망의 침묵이며, 셋째는 생각의 침묵입니다. 침묵을 지키는 것이 어려우면 그것에 대한 지각이라도 있어야 합니다. 만약 두 가지를 다 가지고 있지 않으면 그 사람은 불행한 사람입니다.

당신은 당신이 생각하는 대로 살아야 한다. 그러지 않으면 어느 순간 당신은 사는 대로 생각할 것이다.

– 폴 부르제(프랑스의 소설가이자 평론가)

'생각하는 대로 살아야 한다'는 의미는 목표의식을 갖고 그것을 현실로 이루려는 노력을 하며 살아가라는 의미입니다. 조금 힘겹다는 이유로 자신 앞에 펼쳐진 인생에 조종당하며 살다 보면 평생 형체도 없는 자신의 그림자를 밟는 삶을 살다가 일생을 마치게 될 것입니다. 목표 의식을 갖고 적극적으로 살아야 당신이 의도하는 삶을 살게 됩니다.

어떤 일을 끝내기 전에는 불가능하다고 생각지 마라.

– 금언

아디다스 광고에는 불가능에 대해 다음과 같은 글이 있습니다.
불가능, 그것은 나약한 사람들의 핑계에 불과하다.
불가능, 그것은 사실이 아니라 의견일 뿐이다.
불가능, 그것은 영원한 것이 아니라 일시적인 것일 뿐이다.
불가능, 그것은 도전할 수 있는 가능성을 의미한다.
불가능, 그것은 사람들을 용기 있게 만들어주는 것이다.
불가능, 그것은 아무것도 아니다.

당신의 모습을 발견하는 가장 좋은 방법은 다른 이들을 섬김으로써 당신 스스로에게서 벗어나는 것이다.

– 간디(인도 독립 운동의 정신적 지도자)

그 사람이 얼마나 풍요로운 인생을 사는가는 얼마나 진실한 인간관계를 맺고 있는가에 따라 판가름이 납니다. 그러려면 주변 사람과의 관계를 끊임없이 개선하려는 노력이 무엇보다도 필요합니다.

행복에는 날개가 있어 붙들어두기란 어렵다.

– 실러(독일의 시인이자 극작가)

『채근담』에는 행복에 대해 이렇게 정의를 해놓았습니다. 「행복은 쫓아가 구할 물건이 아니다. 다만 즐거운 표정과 웃음을 띠고 있음으로써 복이 들어오는 것을 근본으로 삼아야 한다. 불행은 언제 어디서 닥쳐올지 모르는 것이다. 또한 불행을 막을 길도 없다. 다만 평소에 남을 해치고자 하는 감정을 없애고 마음을 평온하게 함으로써 불행을 막는 근본으로 삼아야 한다.」

행복을 얻는 유일한 방법은 행복을 인생의 목표로 삼지 말고 행복 이외의 뭔가를 목적으로 삼는 것이다.

– 존 스튜어트 밀(영국의 철학자이자 정치경제학자)

철학자인 알랭은 행복의 실체에 대해 이렇게 쓰고 있습니다. 「행복, 미래에 있을 듯 생각될 때 잘 생각해 보라. 어쩌면 당신은 이미 행복을 지니고 있을지도 모른다. 기대를 지닌다는 것, 이것이 곧 행복이다」

웃음은 나를 위한 것이지만 미소는 상대방을 위한 배려이다.

– 금언

작은 것을 배려할 줄 아는 사람의 마음속엔 상대방의 마음을 움직이는 마법이 숨어 있습니다. 조그마한 친절, 따스한 한마디 말이 이 세상을 천국으로 만듭니다.

행운은 스스로 운이 좋다고 믿을 때 찾아온다.

– 테네시 윌리엄스(미국의 극작가)

당신이 행운을 맞아들이기로 마음먹었다면 먼저 지금껏 당신이 이룬 것들에 감사해야 합니다. 건강, 가정, 가족의 사랑, 자신의 재능과 기술에 감사한다면 잠시 찾아온 불행에 괴로워하거나 일이 뜻대로 되지 않는다고 포기하거나 실망하지는 않을 것입니다. 오히려 자신에게 찾아오는 행운의 분명한 유형을 알게 되고, 더 많은 행운을 만드는 데 주력할 수 있을 것입니다.

서투르다는 말을 언제까지나 듣고 사는 사람은 없다. 서투른 경험이 쌓이고 쌓이다보면 능숙해진다.

– 나카타니 아키히로(일본의 작가)

무슨 일이든 처음 시작할 때는 언제나 서투릅니다. 그러나 그것을 계속하다 보면 어느새 능숙하게 그 일을 처리할 수 있게 됩니다. 조금 힘들다고 해서 하던 일을 포기하게 되면 평생이 일 저 일을 전전하면서 서투른 일꾼으로 남게 될 것입니다.

좋은 일을 생각하면 좋은 일이 생긴다. 나쁜 일을 생각하면 나쁜 일이 생긴다. 여러분은 여러분이 하루 종일 생각하고 있는 바로 그것의 조합이다.

– 조셉 머피(아일랜드의 철학자이자 법학자)

생각하는 대로 결과가 나타나는 것을 피그말리온 이펙트라고 부릅니다. 이것은 마법 같은 주문이 아니라 심리적인 결과물로서 누구나 한 번쯤 경험했던 일일 것입니다. 스스로 성공을 꿈꾸면 성공하게 되고, 실패를 꿈꾸면 실패하게 되는 것은 너무나 당연한 일이니까요. 당신 스스로를 한번 믿어보세요. 물론 성공을 믿는다고 해서 그것이 이루어지는 것은 아닙니다. 반드시 목표를 실행에 옮겨 그것을 이룰 수 있도록 노력해야 합니다.

슬픔의 새가 머리 위를 나는 것을 막지는 못하지만 당신의 머리털 속에 둥지를 트는 것은 막을 수 있다.

– 중국 속담

셰익스피어는 말했습니다. "선과 악의 실체는 없다. 다만 생각이 그렇게 만들 뿐이다"라고. 우리 인간은 생각을 함으로써 놀라운 문명의 발전을 이루어왔지만 머릿속에서 지워버려야 할 것들 역시 너무나 많이 담아둠으로써 스스로를 괴롭히고 있습니다. 살아가는 데 걸림돌이 되는 것들은 놓아버리는 연습을 해야 합니다.

현명한 사람은 큰 불행을 작게 처리하고, 어리석은 사람은 조그마한 불행도 현미경으로 확대하여 스스로 큰 고민 속에 빠져 들어간다.

– 라로슈푸코(프랑스의 작가)

『죄와 벌』에서 주인공 라스콜리니코프의 친구인 라주미힌은 고뇌에 빠진 친구에게 이런 말을 합니다. "자네 같은 인간들은 조그마한 고민이라도 생기면 그것을 닭이 알을 품듯 애지중지 품고 다니더군. 더구나 그럴 때조차도 다른 사람의 작품을 도용한단 말이야!" 가만히 당신의 내면에 거울을 비춰보세요. 당신도 하찮은 고민을 닭이 알을 품듯 애지중지하고 다니지 않는지를요.

고정관념에 매달려 있다 보면 그것이 옳다는 사실을 증명할 기회를 자꾸만 스스로 만들어 내게 된다. 그러나 일단 고정관념에서 벗어나게 되면 계속해서 같은 문제 때문에 같은 교훈을 배울 필요가 없으므로 인생 자체도 바뀔 것이다.

– 앤드류 매튜스(호주의 작가)

코끼리는 새끼일 때 작은 말뚝에 묶인 경험 때문에 도망갈 수 없다는 생각을 평생 간직하고 산다고 합니다. 코끼리보다 영리한 당신은 왜 고정관념의 말뚝에서 벗어나지 못할까요? 당신을 묶어놓은 말뚝은 정말 보잘것없는 것입니다. 당장 거기서 헤어나십시오.

조금만 더 자고, 조금만 더 졸고, 조금만 더 손을 모으고 쉬려는 이에게는 가난이 강도처럼 갑자기 밀어닥치고 빈곤이 군사처럼 몰려올 것이다.

– 금언

예부터 손을 게을리하면 가난하게 되고 손을 부지런히 놀리면 부유해진다고 했습니다. 대부분의 성공한 사람들은 잠시도 쉬지 않는 부지런함이 몸에 배어 있습니다.

세상에는 게으름뱅이도 있고, 일에 대해 공포감을 지니고 있는 사람도 있다. 그러나 전자보다는 후자의 성격을 가진 사람이 유익하다. 대부분의 사람은 일에 대해 약간의 공포감을 갖고 있다. 어떤 일을 시작할 때 우리는 고향을 떠나지 않으면 안 될 때 느끼는 감정을 갖는다. 머물던 곳이 유달리 사랑하고 있던 고향은 아니지만 그래도 정들었고 안전한 장소이기 때문이다.

– 카프카(유대계 독일 작가)

인생이란 수많은 선택의 순간과 맞닥뜨리면서 자신의 한계를 넓혀가기 위해 끊임없이 노력하는 과정이라고 할 수 있습니다.

물고기는 언제나 입으로 낚인다. 인간 역시 입으로 걸린다.

–『탈무드』

『탈무드』에는 생각의 중요성에 대해 다음과 같은 내용의 글이 있습니다. 「무례한 농담이 지나치게 사실에 기초하고 있으면 쓰라린 기억을 남기게 마련입니다. 생각을 조심하세요. 왜냐하면 그것은 말이 되니까요. 말을 조심하세요. 왜냐하면 그것은 행동이 되니까요. 행동을 조심하세요. 왜냐하면 그것은 습관이 되니까요. 습관을 조심하세요. 왜냐하면 그것은 인생이 되니까요.」

궁핍한 사람에게 필요한 약은 희망이며, 부유한 사람에게 필요한 약은 오직 근면뿐이다.

– 셰익스피어(영국의 극작가)

모든 사람은 나쁜 운과 좋은 운을 동시에 지니고 있습니다. 즐겁게 일할 수 있는 시간은 좋은 운이 왔을 때입니다. 따라서 열심히 일하는 사람에게는 나쁜 운이 들어올 틈이 없습니다. 운이 나쁘다고 말하는 사람들은 대개 게으릅니다.

좀은 옷을 좀먹고, 비탄은 마음을 좀먹는다.

– 러시아 속담

미국의 제16대 대통령인 링컨은 어릴 때 지독한 가난을 경험했습니다. 겨울이면 늘 팔꿈치가 그대로 드러나는 낡은 옷을 입었고, 발가락이 나오는 헌 구두를 신었습니다. 그러나 소년 시절의 그런 고생은 용기와 희망과 근면을 배우는 교육의 장이 되어 그를 미국 최고의 대통령으로 만들었습니다. 힘겨운 상황에 맞닥뜨린 그는 비탄 대신 용기와 희망을 온몸에 채웠던 것입니다.

느닷없이 떠오르는 생각이야말로 정말 귀중한 것으로, 반드시 메모해둬야 할 가치가 있는 것이다.

– 프랜시스 베이컨(영국의 철학자이자 정치가)

보통 맥주 1,000cc 정도를 마셨을 때 최고조의 영감의 스윗스팟(클럽이나 라켓 등의 공이 맞으면 가장 잘 날아가는 부분을 말함)을 맛볼 수 있습니다. 사람들과 만나 어느 정도 분위기가 농익으면 농담의 수준은 무르익고, 기억은 아직 멀쩡한 상태가 되지요. 맥줏집은 긴장을 풀고 복잡한 생각의 굴레에서 빠져나가기에 가장 좋은 장소입니다. 이때 명심할 것은 좋은 아이디어가 떠올랐을 때 아이디어가 맥주잔에 빠지지 않게 반드시 메모할 준비를 해두어야 한다는 것입니다.

시도

Attempt

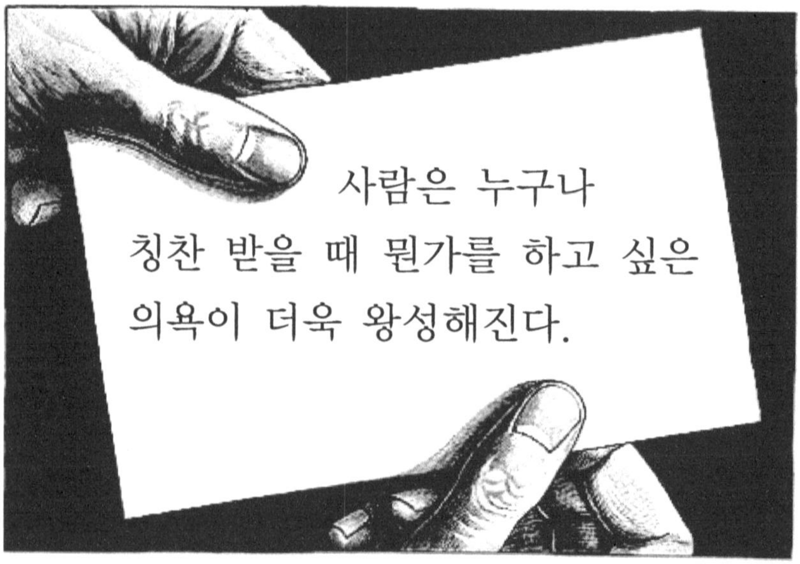

– 금언

성공이란 우리가 인생에서 도달한 위치가 아니라 성공하려고 노력하는 동안 우리가 극복한 장애물들로 측정된다.

– 조지 워싱턴(미국 초대 대통령)

기네스북에 12번이나 오른 세일즈맨인 조 지라드는 말했습니다.

"성공으로 가는 엘리베이터는 고장입니다. 당신은 계단을 이용해야만 합니다. 한 계단 한 계단씩!"

사람은 누구나 칭찬 받을 때 뭔가를 하고 싶은 의욕이 더욱 왕성해진다.

– 금언

칭찬은 고래도 춤추게 한다고 하지 않습니까? 칭찬과 격려는 어느 대상에게나 긍정적인 효과를 가져다주는 건 사실입니다. 나무를 심을 때조차도 격려의 말 한마디를 해준 것과 그러지 않은 나무 사이에는 성장에 차이가 난다고 합니다. 격려, 용기, 기운을 북돋아주는 말들은 인간의 실행력을 확실히 높인다고 증명이 되었습니다.

어떤 일이 있어도 절대 포기하지 마십시오!

– 윈스턴 처칠(영국의 정치가)

그리고 처칠의 연설은 이렇게 이어집니다. "우리는 역경으로부터 미래의 힘을 키울 방법을 배워야 합니다. 과거와 현재가 싸우도록 내버려두면 미래를 잃게 될 것입니다. 나는 여러분에게 피, 수고, 눈물 그리고 땀밖에 드릴 것이 없습니다. 모든 고귀한 것에는 대가를 지불해야 합니다. 그 대가는 인내와 관용입니다." 인내와 관용 없이는 성공이란 달콤한 결과물을 기대할 수 없습니다.

당신이 꿈꿀 수 있다면, 당신은 그것을 성취할 수도 있다. 기회는 준비하는 자에게 온다.

– 월트 디즈니(미국의 영화 및 텔레비전 제작자)

디즈니는 어릴 때부터 낙서나 그림 그리기를 좋아했습니다. 어느 날 그는 실수로 부엉이를 밟아 죽이고 나서 동물에게 미안한 마음이 생겨 동물만화를 그리기로 했는데, 주인공으로 쥐를 택했지요. 그는 보기에도 끔찍한 쥐를 말할 수 없이 사랑스러운 동물로 만들기로 작정했지요. 그래서 탄생한 것이 저 유명한 미키마우스랍니다.

모든 것에는 두 가지 시점이 있다. 적절한 시점과 놓쳐버린 시점이 그것이다.

– 금언

중요한 시점을 놓쳐버렸다고 해서 낙담하지 마십시오. 알고 보면 당신이 찾아와 주길 기다리는 기회는 널려 있습니다. 당신이 움켜잡으면 될 기회들 말입니다. 그러니 주변을 둘러보십시오.

일이란 기다리는 사람에게 갈 수도 있으나 끊임없이 찾아나서는 자만이 획득한다.

– 에이브러햄 링컨(미국의 제16대 대통령)

볼테르는 '노동은 인간의 세 가지 악, 즉 권태와 비행, 궁핍을 덜어준다'고 했습니다. 게다가 노동은 잡념에서 해방되게 하는 마법을 지니고 있기도 합니다. 모든 일은 그 일을 실행하는 사람의 마음가짐에 달려 있습니다.

고난의 한복판에 기회가 있다.

– 아인슈타인(미국의 이론물리학자)

아인슈타인은 고난이 닥쳤을 때는 이렇게 하라고 우리에게 충고하고 있습니다.

"문제가 발생한 시점에서 그것을 해결하려고 하면 절대 불가능하다. 중요한 것은 관점의 전환이다. 문제를 바라보는 관점을 전환시키면 고난 가운데 기회가 보일 것이다."

기회를 기다려라. 그러나 때를 기다려서는 안된다.

– F.M. 밀러(독일의 소설가)

모든 기회에는 어려움이 있으며, 모든 어려움에는 기회가 있습니다. 어려운 난관이 닥쳤을 때, 뛰어난 지도력을 지닌 사람은 최악의 상황을 최대한으로 이용합니다. '허리띠를 졸라매는 회사의 주식을 매수하라'는 주식 격언이 있습니다. 큰 위기를 겪은 회사일수록 용수철처럼 튀어오르는 힘 역시 강합니다.

기회가 두 번 문을 두드린다고 생각하지 마라.

– 샹풀(프랑스의 잠언가)

그리스에 가면 희한한 동상이 하나 있습니다. 사람 같기도 하고 짐승 같기도 한 애매모호한 동상입니다. 그런데 동상 가까이 가서 글귀를 읽다 보면 누구나 고개를 끄덕일 수밖에 없을 것입니다. 앞머리 숱은 무성하고, 뒷머리는 대머리이며, 발에는 날개가 달린 동상 아래에는 이런 구절이 적혀 있습니다. 「앞머리가 무성한 이유는 나를 봤을 때 쉽게 붙잡을 수 있도록 하기 위해서이고, 뒷머리가 대머리인 이유는 내가 지나가면 다시는 붙잡지 못하도록 하기 위해서이다. 발에 날개가 달린 이유는 최대한 빨리 사라지기 위해서이다. 나의 이름은 '기회이다.

우리는 누구나 자신의 인생을 바꿀 수 있다. 우리가 원하는 것은 뭐든 할 수 있고, 가질 수 있으며, 또 원하는 그 무엇이 될 수 있다.

– 토니 로빈슨(『불량직업 잔혹사』의 저자)

알라딘의 램프를 쓱싹쓱싹 문지르면 램프의 요정 지니가 나타나 무슨 소원이든 들어주는 것처럼 당신도 뭔가를 할 수 있다는 믿음을 갖고 무의식의 뇌의 뚜껑을 열어주기만 하면 엄청난 일을 해낼 수가 있습니다. 그러나 무의식의 뇌는 직관, 본능, 분위기, 육감, 기분 전환을 통해 나타납니다.

누군가가 어떤 일을 할 수 있느냐고 물으면 그 자리에서 할 수 있다고 대답하라. 그리고 그 일을 어떻게 해내야 할 것인지 최선을 다해 연구하라.

– 시어도어 루스벨트(미국의 제26대 대통령)

누구든 분명한 목적을 갖고 일을 해나가다 보면 자신의 한계를 뛰어넘는 일도 해낼 수 있습니다. 이는 목적에 열정이 가해지면서 온 우주가 그 목적을 위해 작동하기 때문입니다.

꿈에도 생각해 보지 못한 모든 발명은 그것을 이용할 수 없는 사람들의 마음까지도 설레게 한다.

– 금언

대부분의 사람들은 새로운 발명품을 이용할 수 없는 처지에 있어도 새로운 과학적 발견을 이루었다는 소식을 듣는 것만으로 흥분합니다. 실제로 인공위성을 타고 달에 갈 수는 없지만 인간이 달에 발걸음을 내디뎠다는 소식을 듣는 것만으로도 강렬한 기쁨을 만끽할 수 있습니다.

나는 골을 넣지 못하는 이를 책망하지 아니한다. 다만 골이 두려워서 슈팅하지 않는 자를 책망한다.

– 히딩크(세계적인 축구감독)

『인생 수업』이란 책에는 다음과 같은 구절이 있습니다. 「많은 결혼식에 가서 춤을 추면 많은 장례식에 가서 울게 된다. 많은 시작의 순간이 있었다면 그것들이 끝나는 순간이 있을 것이다. 당신에게 친구가 많다면 그만큼의 많은 헤어짐을 경험하게 될 것이다. 자신이 느끼는 상실이 크다고 생각된다면 인생에서 그만큼 많은 것을 시도했기 때문이다. 많은 실수를 했다면, 아무것도 하지 않고 산 것보다 잘한 것이다.」

우리는 절대 '너무 늦었어'라고 말해서는 안 된다. 새로운 시작을 위한 시간은 언제나 있다.

– 금언

늦었다고 생각할 때가 가장 빠른 시기라고 했지요? 52세 때 들른 한 햄버거 가게의 독특한 판매방식을 눈여겨본 뒤 맥도날드를 세계적인 체인사업으로 키운 레이 크록, 40세 때 일회용 면도기 아이디어를 창안해 회사를 설립한 킹 램프 질레트, 44세에 대형 할인점인 월마트를 시작한 샘 월턴 등은 모두 늦었다고 생각하는 나이에 사업을 시작하여 큰 성공을 거둔 사람들입니다.

창조적인 일을 함으로써 인간은 비로소 행복해질 수 있다.

– 알랭(프랑스의 철학자이자 평론가)

삶의 최고의 순간을 글로 표현한다는 것은 쉽지 않습니다. 창조 역시 그렇습니다. 그저 믿음을 가지고 뛰어보는 것! 그것이 바로 창조입니다. 당신이 재미있고 즐거워지면 스스럼없이 자신을 표현할 수 있는 용기가 생깁니다. 이때 당신 안에 잠자고 있는 창조적인 천재성이 살아나는 것입니다.

꿈을 계속 간직하고 있으면 반드시 실현할 때가 온다.

– 괴테(독일의 시인이자 비평가)

구프리는 말했습니다. "배를 만드는 자들에게 아무것도 시키지 말아라. 그저 바다만 보여주어라." 이 말은 뭔가 일을 하기 전에 마음에 큰 그림을 먼저 그리라는 뜻입니다.

구하면 얻을 수 있다. 사회는 원하지 않는 사람에겐 어떤 것도 주지 않는다. 원하는 것을 얻으려면 적절한 방법과 인내심이 뒤따라야 한다. 산은 오르는 자에게만 정복된다.

– 알랭(프랑스의 철학자)

인간이 존재하는 곳은 그 어디에나 당신에게 친절을 베풀 준비가 되어 있습니다. 따라서 당신이 간절히 원하고, 그것을 위해 노력하면 이 세상은 당신을 위해 성찬을 마련해줄 것입니다.

만약 누군가가 확신을 가지고 일을 시작한다면 그는 의심을 하면서 일을 끝내게 될 것이다. 그러나 그가 의심을 품고 시작한다면 확신을 갖고 그 일을 끝낼 것이다.

– 프랜시스 베이컨(영국의 철학자이자 정치가)

여기에서 의심한다는 것은 일을 하기 전에 여러 가지 사전조사를 철저히 해야 한다는 뜻입니다. 어떤 일을 시작할 때 아무런 조사도 하지 않고 긍정적으로만 바라보고 일을 하다 보면 실패할 확률이 높습니다. 그러나 철저한 사전조사를 한다면 실패율을 최소한으로 줄일 수 있습니다.

성공을 위한 모든 조건 중에서 가장 중요한 요소는 타이밍이다.

– 금언

아무리 엄청난 특종기사도 때를 놓치면 아이스크림처럼 녹아버리는 것이 세상의 이치입니다. 홈런도 야구방망이와 공의 타이밍에서 결정된다고 하지 않습니까? 결단해야 할 때 결단하지 않으면 녹은 아이스크림이 되고 맙니다. 그러니 때가 왔을 때는 주어진 기회가 아이스크림처럼 녹아버리지 않도록 잘 이용해야 합니다.

집안이 나쁘다고 탓하지 마라.
나는 아홉 살 때 아버지를 잃고 마을에서 쫓겨났다.
가난하다고 투덜대지 마라.
나는 들쥐를 잡아먹으며 연명했고,
목숨을 건 전쟁이 내 직업이고 일이었다.
작은 나라에서 태어났다고 투덜대지 마라.
그림자 말고는 친구도 없었고, 병사가 10만, 백성은 어린아이와 노인까지 합쳐 2백만도 되지 않았다.
배운 게 없고 힘이 없다고 탓하지 마라.

**나는 내 이름도 쓸 줄 몰랐으나 남의 말에 귀를 기울이면서 현명해지는 법을 배웠다.
너무 막막하다고 포기하지 마라.
나는 목에 칼을 쓰고도 탈출했고,
뺨에 화살을 맞고 죽었다 살아나기도 했다.
적은 밖에 있는 것이 아니라 내 안에 있었다.
나는 내게 거추장스러운 것은 깡그리 쓸어버렸다.
나를 극복하는 순간 칭기즈 칸이 되었다.**

– 칭기즈 칸(몽골의 통치자)의 어록

성공하려고 마음을 먹었다면 자신의 처지를 비관하는 것부터 중단해야 합니다. 칭기즈 칸은 집안도 보잘 것 없었고, 지독하게 가난했고, 작은 나라에서 태어났고, 이름조차 쓸 수 없을 정도로 무식했으나 남의 말에 귀를 기울이면서 현명해지는 법을 배웠습니다. 그리고 그가 깨달은 것은 적은 자기 자신 안에 있다는 사실이었습니다. 그는 자신의 내면에 있는 거추장스러운 것들을 깡그리 쓸어버렸습니다. 그리고 칭기즈 칸으로 우뚝 섰습니다.

인생을 사는 동안 가장 큰 기쁨은 당신은 못해낼 것이라고 세상이 말한 것을 해냈을 때이다.

– 루스벨트(미국의 제26대 대통령)

네 손가락, 짧은 다리, 낮은 지능의 희아는 피아니스트로서는 너무 많은 약점을 지니고 있었습니다. 그런 희아를 피아니스트로 키워낸 건 바로 어머니 우갑선 씨입니다. 딸의 불가능한 신체조건 때문에 피아노에 도전했다는 어머니! 불가능은 도전을 위해 거기에 있었던 것입니다.

행동

Action

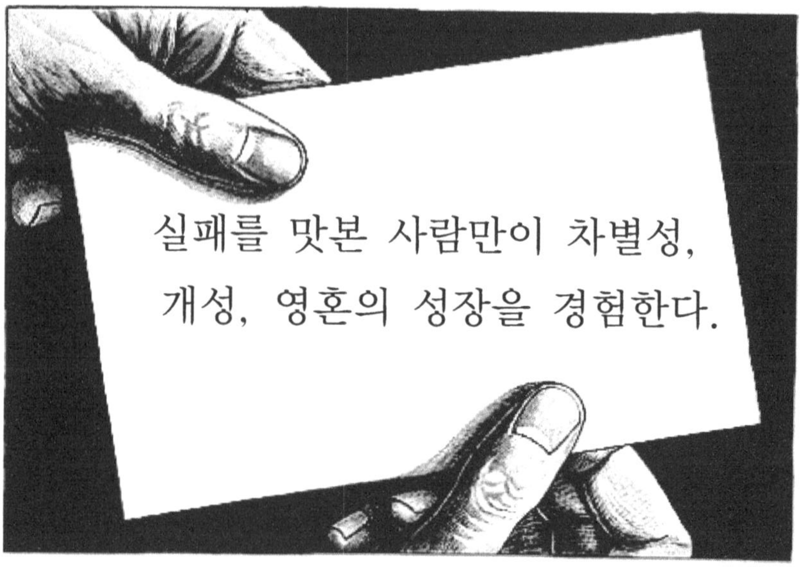

– 마티아스 호르크스(독일의 저술가)

불굴의 도전, 모험정신! 이것으로 누구나 다 성공할 수 있는 것은 아니다. 그 이면에는 치밀한 검토와 확고한 신념이 있어야 한다.

– 정주영 (현대그룹의 창업자)

오스트리아 출신의 청년 피터 드러커가 독일 프랑크푸르트의 한 신문사에서 사회생활을 시작했을 때 국장은 그가 쓴 첫 칼럼을 보고 내던지며 이렇게 말했다고 합니다. "형편없어! 제대로 안 할 거면 당장 때려 치워! 계속 그따위로 할 거면 다른 직장을 찾아보라고." 그래서 그는 정말 제대로 해보기 위해 필사적으로 노력했다고 합니다. 이후 그는 미국 뉴욕대 교수를 거쳐 세계적인 경영학자가 되었습니다.

살아 있을 것, 큰 야망을 가질 것, 괴로워하고 울고 싸우며, 최후에는 마치 자신이 존재하지 않았던 것처럼 다 잊어버릴 것!

– 금언

어제는 어젯밤에 끝났습니다. 오늘은 새로운 날의 시작입니다. 과거를 잊는 기술을 배우십시오. 그리고 앞으로 나아가십시오. 열심히 사는 것도 중요하지만 머릿속을 산만하게 하는 생각에서 헤어나오는 것 역시 중요합니다.

이 세상에서 성공한 사람들은 일어나서 자신이 원하는 환경을 찾은 사람들이다. 따라서 원하는 환경을 찾을 수 없다면 그런 환경을 만들어라.

– 버나드 쇼(아일랜드의 극작가이자 문학비평가)

에디슨은 전구를 발명하기 위해 9,999번이나 실험을 했으나 잘되지 않았습니다. 그러자 친구가 실패를 1만 번째나 되풀이할 셈이냐고 물었습니다. 그러자 에디슨이 말했습니다. "나는 에디슨이다." 그는 자신이 원하는 환경을 만들기 위해서 9,999번의 실패는 아무것도 아니라고 생각했기 때문에 전구를 발명할 수 있었습니다.

가장 보편적인 착각의 하나는 현재는 결정을 내리기에 매우 애매한 시기라고 생각하는 것이다. 그러나 오늘 하루는 일 년 중의 가장 중요한 날이라는 사실을 명심하라.

– 실러(독일의 시인이자 극작가)

동서고금을 막론하고 모든 인간은 평화를 갈망합니다. 그러나 안타깝게도 인류 역사를 통틀어 그 어느 때도, 그 어느 곳에도 완벽한 평화는 없었습니다. 그러니 더 늦기 전에 중요한 결정을 내리십시오.

실패를 맛본 사람만이 차별성, 개성, 영혼의 성장을 경험한다.

– 마티아스 호르크스(독일의 저술가)

일본의 내셔널 파나소닉의 창시자 마쓰시다 고노스게는 자신에게는 하늘이 준 세 가지 은혜가 있다고 말했습니다. "첫째로 가난한 집안에서 태어났기 때문에 부지런히 일해야 살 수 있다는 진리를 깨달았고, 둘째로 약하게 태어났기 때문에 건강의 소중함을 깨달아 90세까지 건강을 누릴 수 있었으며, 셋째로 초등학교도 졸업하지 못했기 때문에 이 세상의 모든 사람을 스승으로 삼았던 것이 자신의 성공 비결"이라고 했습니다.

알맹이를 먹으려는 자는 껍질을 깨야 한다.

– 금언

아리스토텔레스는 우리가 껍질을 깨야 하는 고통을 왜 참아야 하는지 이렇게 설명하고 있습니다. 「고결한 정신이 아름다운 것은 잇따른 가혹한 불운에도 결코 그것을 괴롭다고 느끼지 않아서 생기는 것이 아니라 그 사람의 마음이 높고 영웅적인 기개를 지녔기 때문에 침착하고 냉철한 대처가 더욱 돋보이는 것이다.」

한번 목표를 세웠으면 단 한 번의 패배 때문에 포기하지는 마라.

– 셰익스피어(영국의 극작가)

인간을 앞으로 나아가게 하는 힘은 희망이 아니라 의지력이고, 인간을 뒤로 물러서게 하는 것은 절망이 아니라 포기입니다. 무슨 일이든 할 수 있다고 생각하는 사람은 그 일을 해낼 수 있습니다. 의심하면 의심하는 만큼밖에 못 하고, 할 수 없다고 생각하면 절대로 할 수 없습니다.

만약 A가 성공이라면 성공의 공식은 A=X+Y+Z이다. X는 일하는 것이고, Y는 노는 것이며, Z는 입 다물고 있는 것이다.

– 아인슈타인(미국의 이론물리학자)

아인슈타인은 당신이 진정 성공하고 싶다면 열심히 일하고, 즐겁게 논 뒤, 내면의 자기 자신과 대화를 나누라고 권합니다. 이 공식을 지킨다는 것은 어찌 보면 굉장히 쉬울 것 같지만 만만치 않은 노력이 필요합니다. 자신의 마음을 완벽하게 다스릴 수 있어야 가능한 일이니까요.

아이들은 어른의 말은 귀담아 듣지 않지만 행동은 꼭 따라 한다.

– 제임스 볼드윈(미국의 소설가)

한 가정을 알려면 자녀들의 언행을 보면 알 수 있다고 합니다. 열매를 보면 나무를 알 수 있듯이 대부분의 아이들은 자기 부모의 언행과 심리 상태가 그대로 반영된다고 할 수 있습니다. 아이들은 무의식적으로 부모를 닮아 행동하는 습관이 있기 때문입니다.

그대들이 일생을 사는 동안 무엇을 하든 개의치 않겠다. 그러나 무슨 일을 하든 일인자가 되라. 설혹 하수도 인부가 되는 한이 있더라도 세계 제일의 하수도 인부가 되라.

– 케네디(미국의 제35대 대통령)

제너럴 일렉트릭을 다른 기업과 차별화시켜주는 핵심 가치는 바로 '배운다'입니다. 제너럴 일렉트릭은 1등이 되기 위해 배워 나갔습니다. 그리고 배운 것을 자기 것으로 체화시켜 나갔습니다. 세계 최대 인사 · 조직관리 컨설팅 그룹인 타워스페린사의 마크 맥터스 회장이 말하길, "성공하는 사람은 기업에서 가장 필요로 하는 핵심 전문 기술이 무엇인지 파악하여 목표를 향해 한 발짝 다가가는 사람이다. 그들의 주요한 특징은 대학 졸업 후에도 끊임없는 자기 계발과 지식 습득으로 해당 분야의 전문가로 거듭난다"며 학습의 중요성을 강조했습니다.

그랜트 장군이 위대한 것은 침착하면서도 목표에 집요하게 매달린다는 점이다. 그는 쉽게 흥분하지 않으면서도 불도그같이 용맹스럽고 끈질기다. 그에게 한 번 물리면 그 누구도 끄집어낼 수가 없다.

– 에이브러햄 링컨(미국의 제16대 대통령)

파올로 코엘료가 쓴 『연금술사』란 책에는 이런 글이 있습니다. '이 세상에는 위대한 진실이 하나 있어. 무언가를 온 마음을 다해 원한다면 반드시 그렇게 된다는 거야. 무언가를 바라는 마음은 곧 우주의 마음으로부터 비롯되었기 때문이지. 그리고 그것을 실현하는 게 이 땅에서 자네가 맡은 임무라네.'

당신이 목표를 향해 나아가기 위해 끊임없이 노력한다면 온 우주가 당신을 도울 것이므로, 당신의 목표는 반드시 이루어집니다.

천재는 1%의 영감과 99%의 땀으로 이루어진다

– 에디슨(미국의 발명가)

인류 역사에 크나큰 영향력을 미치는 일을 해내고 싶다면 수백 수천 시간 동안 그 분야에서 집중적인 훈련을 할 필요가 있습니다. 우리는 과학자, 예술가, 체육선수들이 보여주는 성취가 끊임없는 노력의 결과임을 잘 알고 있습니다. 만일 베토벤이 음악을 사랑하는 유럽에 태어나지 않고 음악을 천시하는 나라에서 태어났다면 오늘날의 그를 상상이나 할 수 있을까요?

행복의 비결은 포기해야 할 것을 일찌감치 포기하는 것이다.

– 앤드류 카네기(미국의 기업가)

자신에게 불리한 것은 조금이라도 빨리 포기하는 것이 현명합니다. 그러나 일이 상당히 진행된 후에 모든 사실을 알았더라도 미련 없이 포기하는 것이 낫습니다. 그래야만 성공 가능성이 높은 기회가 왔을 때 그것을 포착할 확률이 높아집니다.

교육이란 알지 못하는 것을 가르치는 것이 아니라 행동하지 않는 사람에게 행동하게끔 가르치는 것이다.

– 마크 트웨인(미국의 소설가)

“항구에 정박되어 있는 배는 안전할지 몰라도 정박시켜놓으려고 만든 게 아니다.”라고 윌리엄 셰드는 말했습니다. 지식만 알고 있을 뿐 아무런 행동을 하지 않으면 어떤 결과물도 얻을 수 없습니다. 우리 인류가 지금과 같은 과학적 혁명을 이룬 것은 수많은 과학자들이 신념을 갖고 도전적인 삶을 살았기에 가능했던 것입니다. 목표를 세웠으면 바로 행동에 옮기십시오.

가라, 달려라, 그리고 세계가 6일 동안에 만들어졌음을 잊지 마라. 그대는 그대가 원하는 것은 무엇이든지 나에게 청할 수 있지만 시간만은 안 된다.

– 나폴레옹(프랑스의 황제)

롱펠로는 말했습니다.

"시간이란 무엇인가? 숫자판에 윤곽이 드러나는 것, 시보를 알리는 소리, 모래시계의 모래가 떨어지는 것, 낮과 밤, 여름과 겨울, 달, 해, 세기…… 이런 것은 단지 외형상의 기호이자 시간의 단위이지 시간 그 자체는 아니다. 시간은 영혼의 삶이다. 과거를 씁쓸하게 바라보지 마라. 과거는 다시는 되돌릴 수 없다. 현재를 현명하게 활용하라. 그것이 당신이 할 수 있는 최선의 길이다. 불분명한 미래를 두려워 말고 강인한 마음으로 맞이하라."

한 인간에 대한 최종 평가는 그가 안락하고 편안할 때 어디에 있었느냐가 아니라 그가 도전하고 논쟁할 때 어디에 있었느냐에 달려 있다.

– 마틴 루터 킹(미국의 흑인해방운동 지도자)

감옥에 있는 동안 인류의 귀중한 문화유산을 남긴 사람들이 종종 있습니다. 존 버니언이 그랬고, 장 빅토르 퐁슬레가 그랬습니다. 그들이 감옥에서 살아남을 수 있었던 것은 힘든 상황에서도 도전정신을 잃지 않았기 때문입니다.

장수한 사람이란 가장 긴 세월을 살아온 사람이 아니라 가장 뜻깊은 인생을 체험한 사람이다.

– 루소(프랑스의 철학자이자 교육학자)

뜻깊은 인생을 산다는 것은 무엇일까요? 한 여론조사 기관에서 90세 이상 된 노인들에게 다시 젊음을 되찾는다면 무엇을 가장 해보고 싶은지 질문을 던졌다고 합니다. 그러자 그들은 한결같이 '모험을 해보지 못한 것이 한'이라고 대답했습니다. 모험, 도전! 우리가 겁내면서 미루고 있었던 게 바로 이것이 아닐까요?

고민은 어떤 일을 시작했기 때문에 생기기보다는 일을 할까 말까 망설일 때 머릿속에 자리를 잡는다. 성공하고 못하고는 하늘에 맡겨두는 게 좋다. 모든 일은 망설이기보다는 불완전한 채로라도 시작하는 것이 한 걸음 앞서는 것이다. 재능 있는 사람이 무능하게 사는 것은 성격이 우유부단하기 때문이다. 망설이기보다는 차라리 실패를 선택하라.

– 버틀런드 러셀(영국의 철학자)

오늘날 인류가 겪는 가장 큰 스트레스는 자신의 어떤 점을 바꾸어야 하고, 어떤 점을 바꾸지 않아도 되는지 모른다는 데 있습니다. 이런 혼란 속에서 어렵게 뭔가를 결심한 후에도 마음은 여전히 복잡합니다. 이제 흔들리는 마음을 가라앉히세요, 결정은 결단을 필요로 하는데, 당신이 변화를 원치 않는다면 차라리 현재의 상황을 받아들이고 즐기십시오.

내일 일을 훌륭하게 완수하기 위한 최선의 준비는 바로 오늘 일을 훌륭하게 완수하는 것이다.

– 앨버트 허버드(미국의 문필가)

각 분야의 정상에 있는 사람들 대부분은 자신의 잠재력을 개발해낸 사람이라고 할 수 있습니다. 그러나 이런 잠재력 개발은 저절로 이루어지는 것이 아닙니다. 자신의 능력으로는 불가능해 보이는 일을 강요받지 않으면 이루어내기가 힘듭니다. 그리고 진정한 프로가 되려면 자신이 하는 일이 세상에서 가장 중요하다는 믿음이 있어야 그 일에 몰두할 수가 있습니다. 그래야 일이 재미도 있고, 그 일에 경쟁력도 생기고, 전심전력을 다해 일할 수 있습니다.

결단을 내리면 즉시 실행하라. 시간이 지나면 김이 새어나가게 마련이다.

– 『손자병법』 중에서

당신이 정한 목표를 지금 시작하지 않으면 절대 불가능합니다. 당장 보고 싶은 사람에게 전화를 걸고, 스포츠 댄스를 시작하고, 대학원 공부를 시작하세요. 당신은 희망 속에 존재하는 것이 아니라 지금 이 순간에 존재합니다.

가족, 친구, 조국…… 모든 사람을 위해 힘써라. 들뜬 마음, 나약함을 물리쳐라. 용기를 갖고 강해져라. 즉 남자가 되라.

– 앙리 프리데리크 아미엘(프랑스계 스위스의 작가)

루스벨트는 나약한 인간에 대해 이렇게 말했습니다. '인간은 운명의 포로가 아니라 자기 정신의 포로'라고. 의지력이 꺾이는 순간 인간은 운명의 노예가 됩니다.

행복의 원칙은 첫째, 어떤 일을 할 것, 둘째, 어떤 사람을 사랑할 것, 셋째, 어떤 일에 희망을 가질 것!

– 칸트(독일의 철학자)

희망은 마치 독수리의 눈빛과도 같습니다. 항상 닿을 수 없을 정도로 아득히 먼 곳만 바라보고 있기 때문입니다. 하지만 진정한 희망은 바로 당신 스스로를 신뢰하는 것입니다. 행운은 용기가 있는 사람을 따릅니다. 자신감을 잃지 마십시오. 자신을 존중할 줄 아는 사람만이 다른 사람을 존중할 수 있습니다.

그대가 할 일은 그대가 찾아서 하라. 그러지 않으면 그대가 해야 할 일이 끝까지 그대를 찾아다닐 것이다.

– 버나드 쇼(아일랜드의 작가)

어느 정도 사회 경험을 쌓은 후 주변을 둘러보면 인생에 휘둘리면서 살아가는 사람과 자신의 뜻대로 살아가는 사람이 있다는 걸 알 수 있습니다. 현대 사회의 조직이 요구하는 인재는 시키는 일만 하는 사람이 아니라 자기 스스로가 해야 할 일을 찾아서 하는 사람입니다.

강한 자존감은 당신이 전쟁에서 포로가 됐을 때 당신을 비굴해지지 않도록 해줄 것이고, 당신이 세상과 맞서 싸울 때 당신의 행동에 대해 확신을 가져다줄 것이다.

– 버틀런드 러셀(영국의 논리학자이자 철학자)

피천득은 자존감에 대해 이렇게 말했습니다.
"모든 걸 버려도 나를 버릴 수는 없다는 그 자신에 대한 자존감, 물질은 포기해도 나는 포기할 수 없다는 마음일세."

우리는 꿀을 다루듯이 쾌락을 다루어야 한다. 쾌락과 꿀은 식상하지 않도록 손가락 끝을 살며시 갖다 대야지 손 전체를 담가서는 안 된다.

– 프랜시스 베이컨(영국의 철학자)

사람이 쾌락을 알 때 쾌락은 이미 그 고개를 넘어서고 있습니다. 그리고 비애가 어느새 그 고개에 이릅니다. 사람은 쾌락 뒤에 올 비애를 늘 생각하고 행동해야 합니다.

젊은이들에게 들려주고 싶은 것은 단지 세 마디 말이면 족하다. 일하라. 좀 더 일하라. 끝까지 열심히 일하라.

– 비스마르크(독일의 정치가)

파스칼은 일하지 않는 인간을 일컬어 '무위도식하는 사람의 두뇌에는 악마가 즐겨 집을 짓는다'는 끔찍한 악담을 남겼습니다. 알고 보면 일에 열중했을 때만큼 사람에게 감미로운 시간도 없습니다. 고뇌는 대부분 일을 싫어하는 사람의 뇌 속에서 둥지를 튼다고 합니다.

재산

Wealth

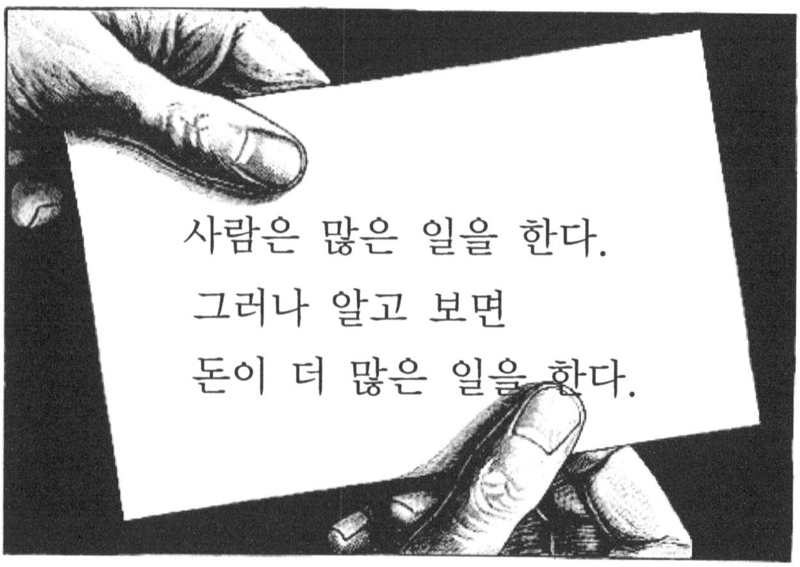

– 유고슬라비아 속담

항상 받는 돈보다 더 일하면 언젠가는 일하는 것보다 더 많이 받게될 것이다.

– 버나드 쇼(아일랜드의 극작가이자 문학비평가)

J. 존슨은 "노동은 마법의 지팡이다"라고 했습니다. 어느 나라에서든 가장 위대한 것은 노동에 의해 이루어집니다. 노동이야말로 부의 축적의 근원이라고 할 수 있습니다.

돈을 다스리지 못하면 돈이 당신을 다스릴 것이다.

– B. 크리스티

많은 돈을 버는 것 못지않게 중요한 것은 번 돈을 지킬 줄 아는 현명한 소비습관입니다. 돈의 사용 내역을 꼼꼼히 점검하고 평가함으로써 보다 바람직한 소비습관을 갖도록 하십시오.

돈은 악이 아니며, 저주도 아니다. 돈은 사람을 축복하는 것이다.

– 『탈무드』

우리나라는 불교와 유교에 기반을 둔 나라입니다. 불교나 유교 사상에서는 '돈 보기를 돌같이' 하라고 가르쳤습니다. 그러나 전쟁을 겪으면서 우리 사회는 급속하게 자본주의화 됐습니다. 자본주의는 그야말로 자본, 즉 돈이 중심이 되는 사회입니다. 이러한 두 가지 사상의 갈등 속에서 우리는 표면적으로는 돈 보기를 돌같이 해왔습니다. 그러나 2000년대로 들어서면서 우리는 드러내놓고 돈을 중요시하게 되었습니다.

돈이란 바닷물과도 같다. 그것은 마시면 마실수록 목이 말라진다.

– 쇼펜하우어(독일의 철학자)

우리 시대에는 어느 때보다 물질적 풍요를 누리면서도 늘 욕망의 결핍에 사로잡혀 있습니다. 잉여쾌락(욕망을 덧없게 하는 또 다른 욕망)이 끝없이 돈에 대해 갈증을 일으키게 합니다. 2008년 금융 위기가 지구촌을 휩쓴 것은 현대인의 물질적 욕망이 낳은 씁쓸한 결과물이라고 할 수 있습니다.

악의 근원을 이루는 것은 돈 자체가 아니라 돈에 대한 애착이다.

– 스마일즈(스코틀랜드의 작가)

고수익의 환상을 좇아 충동적으로 투기에 손을 댔다가 돌이키기 어려운 낭패를 보는 이들이 있습니다. 이들은 "감언이설에 속았다"거나 "운이 나빴다"고 말하지만 따지고 보면 실패의 가장 근본적인 원인은 본인의 과다한 욕망에 있습니다. 지나친 물욕은 이성적인 판단력을 약화시키고, 높은 위험 상황을 고려하지 않고 투자를 감행하는 등 충동을 제어하기 힘들게 하기 때문입니다.

일을 사랑해서가 아니라 돈 때문에 일하는 사람은 돈을 벌지도 못할 뿐만 아니라 즐거움도 얻지 못하는 법이다.

– 찰스 슈왑(증권사 찰스 슈왑의 설립자)

로마 황제인 티투스는 2년 동안 통치했지만 그의 명성은 지금까지도 이어집니다. 그가 국민들에게서 존경을 받게 된 계기는 폼페이 화산 폭발이었습니다. 대재앙이 일어났을 때 티투스 황제는 곧바로 현장으로 달려가 구조 활동을 주도했고, 피해를 당한 사람들에게는 보상금을 지급했습니다. 그는 부정부패를 용납하지 않았고, 가난한 사람들에게는 목욕탕을 무료로 사용할 수 있도록 했으며, 그 목욕탕에서 국민들을 만났습니다.

당신의 가장 충성스런 친구 셋은 늙은 아내, 늙은 개, 그리고 현금이다.

– 벤저민 프랭클린(미국의 정치가이자 저술가)

이 명언에서 벤저민 프랭클린은 현실은 꿈이 아니라는 걸 직설적으로 설파하고 있습니다. 현실은 영상 속의 로맨틱한 꿈이 이루어지는 공간이 아니라 생활입니다. 현실에서 당신을 지탱해주는 것은 편안한 가족과 마음을 터놓고 지낼 수 있는 친구, 그리고 하루하루의 삶을 영위하게 하는 돈입니다.

가능한 한 일찍 결혼하는 것은 여자의 비즈니스이고, 가능한 한 늦게까지 결혼하지 않고 지내는 것이 남자의 비즈니스이다.

– 버나드 쇼(아일랜드의 작가)

여성이 일찍 결혼을 해야 하는 이유는 사회적으로 여성의 가치가 나이로 평가되기 때문입니다. 이는 생물학적으로도 연결이 되는 것으로, 젊은 여성일수록 가임 확률이 훨씬 높습니다. 하지만 남자의 경우는 재력과 카리스마가 중요하지요. 재력이며 카리스마는 청년보다는 중년의 남성에게서 더 쉽게 발견되기 때문에 늦은 결혼이 유리하다는 뜻입니다.

금전에는 빛깔이 없다는 말은 그른 말이다. 제 손으로 돈을 벌다 보면 낡아빠진 동전에서도 빛나는 광택이 난다.

– 마르셀 프루스트(프랑스의 소설가)

당신이 목표에 아주 쉽게 도달했다면 천국을 만난 것이라고 할 수 있습니다. 또한 그것이 든든하게 유지되는 상태라면 천국의 보물을 손에 쥐게 되는 보증 수표를 받은 것이라고 할 수 있습니다. 그러나 아직 그렇지 못한 경우라면 최선을 다해 마음의 평화를 유지하는 방법을 터득해야 합니다.

재물은 생활을 위한 방편일 뿐 그 자체가 목적이 될 수는 없다.

– 칸트(독일의 철학자)

「명심보감」 안분편에 나오는 글귀 중 '만족하면 비천해도 즐거울 것이며, 탐하기 시작하면 부유해도 근심에 빠진다.'고 했습니다. 정신적 풍요로움을 가진 사람은 적게 가져도 행복할 수 있지만 물질적 풍요만을 생각하는 사람은 정신적 풍요를 누리기 어렵습니다. 정신적 풍요를 위한 가장 훌륭한 교사는 책입니다.

사람은 많은 일을 한다. 그러나 알고 보면 돈이 더 많은 일을 한다.

– 유고슬라비아 속담

돈이 더 많은 일을 한다는 것은 종자돈의 위력에 대한 설명이라고 할 수 있습니다. 어느 정도의 돈이 모이면 돈 스스로가 움직여서 돈을 벌어주기 때문입니다. 만약 당신에게 1천 만원의 돈이 있으면 그 돈을 활용하여 돈을 벌기가 쉬워집니다. 종자돈이 조금이라도 쌓이면 그것이 돈을 만들어내지만 한 푼도 없는 상태에서는 돈을 모으기가 정말 어렵습니다.

남의 돈에는 날카로운 이빨이 숨겨져 있다.

– 러시아 속담

신용카드가 발급되면서 많은 직장인들이 무절제한 감성적 소비를 시작했고, 결국 개인파산에 이르는 파국을 초래하고 있습니다. 수많은 사람들이 신용카드가 발휘하는 마술의 힘에 농락당했다고 할 수 있지요. 카드로 인해 부채가 쌓이기 시작하고, 그것은 걷잡을 수 없는 빚의 수렁으로 빠뜨립니다. 빚은 한 번 쌓이면 눈덩이처럼 불어나는 속성을 지니고 있습니다.

영리한 두뇌와 근면한 손을 가진 사람 곁에는 도처에 금화가 널려 있다.

– 세실 로즈(영국령 남아프리카 총리)

아침형 인간으로 유명한 고 정주영 현대 회장은 자신의 성공에 대해 이런 말을 남겼습니다. “내가 새벽에 일찍 일어나는 것은 그날 할 일이 즐거워서 기대와 흥분으로 마음이 설레기 때문이다. 아침에 일어날 때의 기분은 소학교 때 소풍 가는 날 아침과 똑같다. 또 밤에는 항상 숙면할 준비를 갖추고 잠자리에 든다. 날이 밝을 때 일을 즐겁고 힘차게 해치워야겠다는 생각 때문이다. 내가 행복감을 느끼면서 살 수 있는 것은 이 세상을 아름답고 밝게, 희망적이며 긍정적으로 보기 때문에 가능한 것이다.”

한 회사의 주식에 전 재산을 투자해서는 안 되는 것처럼 당신의 전 미래를 한 사람의 고용인에게 맡겨서는 안 된다. – 스테판 M. 폴란(미국의 라이프 코치)

당신의 미래를 한 사람의 고용인에게 올인한다는 것은 너무 위험이 크다고 할 수 있습니다. 그렇다고 당신 인생의 미래를 재테크하듯 하지는 말아야 합니다. 인간관계에서 무 자르듯 지나치게 계산적이면 결국 손해를 볼 수 있기 때문입니다. 당신이 아주 좋은 인재를 만나 그 사람에게 최선을 다하면 당신의 인생이 달라질 수 있습니다. 그러나 만일 진정으로 당신의 미래를 걸 만하다고 확신이 드는 사람이 나타난다면 올인해도 좋습니다. 그리고 그 선택과 집중에 따른 모든 책임은 당신이 져야 합니다.

좋은 수입은 아무리 예리한 슬픔도 위로해 준다.

– L. P. 스미스

신은 인간을 만들고, 옷은 인간의 외양을 꾸밉니다. 그러나 인간을 마지막으로 완성하는 것은 돈입니다. 돈의 가치를 알고 싶거든 남에게 돈을 한번 꾸어보세요.

경제가 허용하는 한 몸에 걸치는 것에 돈을 아끼지 마라. 그렇다고 지나치게 차려 입어서는 안 된다. 대개 입은 것으로 그 인물의 됨됨이를 알 수 있으니까.

– 셰익스피어(영국의 극작가)

보통 첫인상은 5~6초 만에 결정된다고 합니다. 호감 가는 인상을 주는 데는 그 사람의 퍼스널리티(옷, 얼굴, 헤어스타일)나 말투, 표정 등 무언의 메시지가 커뮤니케이션에 커다란 역할을 합니다. 어떤 색의 옷을 입으면 부담스런 느낌이 들고, 다른 색의 옷을 입으면 밝은 느낌을 갖는다는 것을 스스로가 경험했을 것입니다. 입으면 행복한 느낌을 주는 색상이 바로 당신에게 어울리는 색상이라고 할 수 있습니다.

금전은 무자비한 주인이기도 하지만 유익한 종이 되기도 한다.

– 유대 격언

많은 사람들은 유대인이라고 하면 굉장히 돈에 집착하는 민족이라고 생각하고 있습니다. 그러나 이들의 금전 철학을 이해한다면 그들의 행동에 공감할 것입니다. 유대인들은 생계에 투자하고 남는 시간은 지혜(토라)를 공부하는 데 시간을 보냅니다. 유대 랍비들에게 있어 돈은 탐욕의 수단이나 억압의 도구로 존재하는 것이 아니라 사회 정의를 위한 열망과 더 나은 세계를 위한 희망을 위한 수단입니다. 또한 그들은 돈을 생존 가능성을 다양화시키고 영적인 공부와 학습을 위한 시간을 확보하게 하는 수단으로 보고 있습니다.

돈이란 많은 것들의 껍데기지 알맹이는 아닌 것 같다. 돈은 음식을 가져다주지만 식욕을 가져다주지 못하고, 약을 가져다주지만 건강을 가져다주지 못하며, 사람을 사귀게는 하지만 친구 관계로는 발전되지 못하게 하고, 하인이 생기게 하지만 충복으로는 만들지 못하며, 향락의 나날을 가져다주지만 평화로운 행복을 가져다주지는 못한다.

– 헨리 입센(노르웨이의 극작가)

그렇습니다. 돈으로 집은 살 수 있지만 가정은 살 수 없으며, 침대는 살 수 있지만 잠은 잘 수 없으며, 시계는 살 수 있지만 시간은 살 수 없으며, 책은 살 수 있지만 지식은 살 수 없으며, 지위를 살 수는 있지만 존경은 살 수 없으며, 약을 살 수 있지만 건강은 살 수 없으며, 피는 살 수 있지만 생명은 살 수가 없습니다.

단기적인 이익이나 승부에 집착하다 보면 당장에는 작은 이익을 볼 수 있을지 몰라도 장기적으로 보면 실패할 가능성이 높아진다. 눈앞의 이익에 현혹되기보다는 장기적인 관점에서 옳은 쪽으로 판단하고 차근차근 일을 진척시켜 나가는 것이야말로 참된 성공에 이르는 길이라고 할 수 있다.

– 안철수(의사 출신의 컴퓨터 전문가)

리처드 바크는 『갈매기의 꿈』을 통해 「가장 높이 나는 새가 가장 멀리 본다」라고 했습니다. 이는 삶의 진정한 진리를 깨닫고, 눈앞에 보이는 것에만 매달리지 말고 멀리 앞날을 내다보며, 살아가라는 뜻입니다.

이 세상은 모든 인간에게 필요한 재화를 갖추고 있다. 그러나 인간의 탐욕을 위한 재화는 없다.

– 금언

『채근담』에는 인간의 탐욕에 대해 이런 글이 있습니다. 「탐욕이 많은 사람은 금을 나눠줘도 옥을 얻지 못함을 한탄하고, 공에 봉하여도 제후가 되지 못한 것을 불평한다.」

부는 사용하기 위한 도구이지 숭배하기 위한 것은 아니다.

– 쿨리지(미국의 제30대 대통령)

칼릴 지브란은 돈에 대해 다음과 같은 글을 남겼습니다. "돈은 현악기와 같다. 그것을 적절히 사용할 줄 모르는 사람은 불협화음을 듣게 된다. 돈은 사랑과 같다. 이것을 제대로 베풀려고 하지 않는 이들을 천천히, 그리고 고통스럽게 죽인다. 반면에 타인에게 그것을 베푸는 이들에게는 생명을 준다."

돈이 공략하지 못하는 요새는 없다.

– 금언

돈은 모든 사람을 그 앞에 엎드리게 하는 유일한 권력입니다. 이 같은 돈에 대해 경멸하는 사람도 있지만 궁핍함이 오래가면 사람을 우둔해지게 만듭니다. 작가 최인호는 역사서 『상도』에서 '장사는 이윤을 남기는 게 아니라 사람을 남기는 거다'라고 했습니다. 유대인들 역시 부를 이루기 위해서는 신뢰를 목숨보다 중시해야 한다고 했습니다. 그러니 돈을 공략하기 전에 신뢰를 먼저 쌓으십시오.

빈곤이 문간에서 집 안으로 스며들어오면 거짓 우정은 곧 창문으로 달아나 버린다.

– 빌헬름 뮐러(독일의 시인이자 소설가)

빈곤은 물질적인 결핍만을 초래하는 게 아니라 정신까지 황폐화시킵니다. 아일랜드 속담에는 돈과 우정의 문제에 대해 날카롭게 지적한 것이 있습니다. '돈 때문에 잃은 벗이 돈 때문에 만들어진 벗보다 많다'고.

빈곤한 사람이 불편한 점은 끊임없이 참아야 한다는 것이다.

– 칸트(독일의 철학자)

도스토예프스키는 『죄와 벌』을 통해 가난한 사람이 살아가면서 느껴야 할 통렬한 고통을 이렇게 쓰고 있다. 「사람들은 가난은 죄가 아니라고 하지만 아주 찢어지게 가난한 것은 끔찍한 죄악이오. 어느 정도의 가난이라면 태어날 때부터의 고결한 감정을 그대로 유지할 수가 있지만, 찢어지게 가난하면 절대로 불가능하오. 절대빈곤이 되면 인간 사회에서 몽둥이로 두들겨 맞고 쫓겨나는 정도가 아니라 비로 쓸어냄을 당한단 말이오. 사람이 가난의 밑바닥을 헤매게 되면 자기 스스로를 모욕하게 되고, 그래서 결국 술을 마시게 되는 법이오!」

부자는 결코 천당에 들어가지 못하겠지만 가난한 사람은 이미 지옥을 체험하고 있다.

– 체이스(미국의 화가)

여러 가지 면에서 가난한 사람은 이미 지옥을 체험하고 있다고 봐야 합니다. 이는 통계적으로 나타난 것으로, 부자들이 보통의 서민보다 훨씬 평균 수명이 길다고 합니다. 미국의 경제전문지 포브스는 '부자들! 왜 오래 사나'라는 특집 기사에서 돈과 권력이 장수의 지름길이라고 소개하고 있습니다. 이는 우리나라에서도 그대로 적용이 되며, 재정자립도와 암 사망률은 반비례했다고 발표했습니다. 부자일수록 스트레스가 적은데다 그들은 보다 나은 주거환경과 의료혜택을 받기 때문입니다. 게다가 대부분의 부자들은 가난한 사람에 비해 마음의 평정을 오래 유지하고 있기 때문에 흡연, 음주, 과식, 운동부족 등 해로운 습관을 쉽게 떨쳐버리게 된다고 합니다.

가난하다는 말은 너무 적게 가진 사람을 두고 하는 말이 아니라 더 많은 걸 바라는 사람에게 하는 말이다.

– 금언

탐욕은 때때로 의도와는 정반대의 결과를 낳을 수도 있습니다. 믿을 수도 없으며, 접근할 수도 없는 희망 때문에 전 재산을 던져버리는 사람이 있는가 하면, 눈앞에 보이는 작은 이익을 위하여 장래에 찾아올 커다란 이익을 놓쳐버리는 사람이 있습니다.

그대들이 씨를 뿌리지만 그 알곡은 다른 사람이 거두어들인다. 그대들이 부를 발견하지만 그것을 모으는 사람은 다른 사람이다. 옷감을 짠 사람은 그대지만 다른 사람들이 옷을 입는다. 그대가 무기를 만들지만 쓰는 것은 다른 사람들이다.

– 셸리(영국의 시인)

이는 사용자와 고용인과의 관계와도 접목시켜볼 수 있는 글입니다. 당신이 씨를 뿌리는 입장에서 알곡을 거두어들이는 입장이 되려면 사용자가 되도록 노력해야 합니다.

가난은 결코 불명예스러운 것이 아니다. 문제는 가난의 원인이다. 나태, 고집, 어리석음, 이 세 가지 중 하나가 가난의 결과라면 그 가난은 진실로 수치로 여겨야 할 것이다.

–『플루타르크 영웅전』중에서

가난하게 살지 않겠다고 결심하십시오. 얼마를 가졌든 절약하도록 하십시오. 가난은 우리 인간의 가장 큰 적입니다. 그것은 확실히 자유를 파괴하고, 약간의 덕행도 실천할 수 없게 하며, 우리의 삶을 매우 고단하게 만듭니다.

강렬한 욕망을 버리고 싶거든, 그 어머니인 낭비를 버려라.

– 키케로(로마의 학자이자 정치가)

프랑스의 왕비 마리 앙투아네트는 '백성들이 빵이 없어 굶주린다'는 신하들의 보고를 듣고 '그러면 케이크를 주면 될 것 아니냐'고 했다는 일화가 전해질 정도로 현실감각이 없고 낭비벽이 심했던 여성이었습니다. 결국 프랑스 혁명으로 왕과 함께 권좌에서 내쫓긴 그는 기요틴에서 최후를 맞이했습니다.

검약은 미덕이지만 지나치면 인색하게 보이고, 겸양은 선행이지만 지나치면 비굴하게 보일 수 있다.

– 『채근담』

케인스의 '절약의 역설'이라는 이론이 있습니다. 개의 입장에서는 절약해서 저축을 늘리는 것이 합리적이지만 사회 전체적으로 볼 때는 오히려 소득 감소를 초래할 수 있다고 합니다. 모든 사람이 저축을 늘릴 경우, 전보다 작아진 국민소득 가운데 차지하는 저축의 비율은 높아질 것이지만 저축의 절대액은 변하지 않거나 오히려 감소할 수 있으므로 절약도 지나치면 나라의 경제를 위협할 수 있습니다.

사람이란 사치하면 순종하지 않게 되고 검약하면 고루하게 된다. 순종하지 않는 것 보다는 차라리 고루한 것이 낫다.

– 논어

세계 최고의 부를 이룬 주식 투자의 귀재 버핏은 50년째 같은 집에서 살고 있으며, 직접 차를 운전하는 등 검소한 생활을 한다고 합니다. 그리고 자신이 모은 대부분의 돈을 사회로 환원해, 세계인의 삶의 질을 향상시키는 데 기여하고 있습니다. 이 때문에 버핏이라는 인물이 세계인의 존경을 받는 게 아닐까요?

원하는 것을 사지 말고, 필요로 하는 것을 사라. 필요치 않는 것은 1원도 낭비다.

– 카토(고대 로마의 정치가)

사실 우리는 필요 이상으로 타인의 시선에 신경을 쓰고 삽니다. 남들이 하는 것들을 당신도 해야 하고, 남들이 먹는 걸 당신도 먹어야 한다는 생각을 하지요. 그런데 여기에 정작 당신이 원하는, 당신만의 삶은 없다는 것입니다. 돈은 자신이 원하는 즐거움을 위해, 진정으로 당신이 원하는 것을 위해, 나아가 보다 의미 있고 가치 있는 곳에 써야 하지 않을까요?

희망이 없으면 절약도 없다. 우리가 절약하고 아끼는 이유는 무엇인가. 미래를 위해서이다. 미래가 없다면 되는 대로 살아갈 것이다. 미래를 건설하기 위해 한 푼이라도 절약하라. 절약하는 마음밭에 희망이 찾아온다. 절약과 희망은 연인 사이니까.

– 윈스턴 처칠(영국의 정치가)

헨리 포드는 말했습니다. "지위 향상을 위해 재산을 아끼지 마라. 젊은이가 해야 할 일은 돈을 모으는 것이 아니라 그것을 사용하여 장차 쓸모 있는 사람이 되기 위한 지식을 얻는 일이다. 은행에 넣어둔 돈은 당신에게 아무것도 주지 못한다. 자신의 발전을 위해 돈을 써라. 유용한 일에 쓰고도 돈이 남는다는 것은 노인들이나 할 소리다."

엮은이 | 이탄

한국 외국어대학 영어과 졸업. 〈동아일보〉 신춘문예에 시가 당선되어 문단에 나온 그는 월탄문학상, 한국시협상, 동서문학상, 기독교 문화대상을 수상했고, 한국외국어대 사범대학 한국어교육과 교수를 역임했다. 지은 책으로는 시집 〈바람 불다〉, 〈소등〉, 〈줄풀기〉, 〈옮겨 앉지 않는 새〉, 〈대장간 앞을 지나며〉, 〈미류나무는 그냥 그대로지만〉, 〈철마의 꿈〉, 〈당신의 꽃〉 등이 있다. 논저로는 〈현대시와 상징〉, 〈높이 날기〉, 〈박목월 시연구〉, 〈현대시 작법〉, 〈한국의 대표 시인론〉이 있다.

잘되는 나를 위한 **명언 에스프레소 [큰글자도서]**

초판발행 : 2010년 2월 8일
엮 은 이 : 이탄
발 행 처 : BF북스
발 행 인 : 김동복
주　　소 : 서울시 성동구 아차산로17길 57 일신건영휴먼테코 1203호
전　　화 : 02-3426-7511
팩　　스 : 02-3426-7502
전자우편 : kbraille@naver.com
홈페이지 : www.kbraille.net

ISBN 978-89-93793-73-4

잘못된 책은 바꾸어 드립니다. 값은 뒤표지에 있습니다.